Bastian Berbner

180 GRAD

–

Geschichten
gegen den Hass

C.H.Beck

HUNDERTACHTZIG GRAD

**GESCHICHTEN
GEGEN
DEN HASS**

Der Podcast zum Buch:
www.hundert-achtzig.de

1. Auflage. 2019
2. Auflage. 2019
3. Auflage. 2020

Mit 1 Abbildung

4. Auflage. 2021
© Verlag C.H.Beck oHG, München 2019
www.chbeck.de
Umschlaggestaltung: Geviert, Grafik und Typografie,
Nastassja Abel
Satz: C.H.Beck.Media.Solutions, Nördlingen
Druck und Bindung: Pustet, Regensburg
Gedruckt auf säurefreiem, alterungsbeständigem Papier
(hergestellt aus chlorfrei gebleichtem Zellstoff)
Printed in Germany
ISBN 978 3 406 74244 6

myclimate
klimaneutral produziert
www.chbeck.de/nachhaltig

INHALT

VORWORT

Können wir gar nichts tun? Mit dieser Frage begann dieses Buch. Es war das Frühjahr 2017 und ich reiste für eine Reportage durch ein zerrissenes Vor-Wahl-Frankreich. In den Dörfern der Provence schimpften die Menschen über Emmanuel Macron, den Internationalisten. In Paris und Lyon warnten die liberalen Eliten vor Marine Le Pen, der Rechtsradikalen. Die Rechten taten so, als bedeute ein Präsident Macron das Ende Frankreichs. Die Linken so, als käme mit Marine Le Pen der Faschismus an die Macht. Die Lager bekämpften einander nicht wie politische Rivalen, die um die Macht streiten, sondern wie Feinde in einem Überlebenskampf.

Auf der anderen Seite des Ärmelkanals war es nicht anders. Dort ging die Spaltung einmal ziemlich genau durch die Mitte der Gesellschaft, seit dort einige Monate zuvor 52 Prozent der Briten für den Brexit gestimmt hatten, während die andere knappe Hälfte der Bevölkerung das für einen fatalen Fehler hielt.

Noch schlimmer war es in den USA, wo gerade ein Mann Präsident geworden war, in dem der eine Teil der Bevölkerung den Retter Amerikas sah und der andere den Totengräber der Demokratie, des Westens oder gleich der ganzen Welt.

Ich spürte in dieser Zeit zum ersten Mal so etwas wie politische Angst. Plötzlich stand alles in Frage. Die liberale Demokratie. Die Stabilität des Westens. Selbst die Rückkehr des Faschismus schien möglich. Normalerweise nimmt Angst ab, wenn man sich ihrer Ursache nähert. Aber hier war es umgekehrt: Je näher ich den Krisen kam, um über sie zu berichten, desto größer wurde sie.

Die westlichen Gesellschaften schienen sich und scheinen

sich bis heute, eine nach der anderen, in immer schnellerem Tempo zu spalten. Als seien sie von einem Virus befallen.

In Italien und den Niederlanden werden die Rechtspopulisten stärker. In Österreich regierten sie mit, bis ein Skandal um ein heimlich aufgenommenes Video sie stürzte. In Ungarn und Polen nutzen sie ihre Macht, um autoritäre Strukturen aufzubauen. Und in Deutschland haben sie zuerst die Straßen erobert und dann, Wahl für Wahl, die Parlamente.

Man könnte das für die gesunde Selbstregulierung von Demokratien halten, wenn diese Prozesse nicht in all diesen Ländern eine politische Debatte erzeugt hätten, die – von beiden Seiten – mit immer weniger Respekt und Menschlichkeit geführt wird und stattdessen mit immer mehr Häme und Hass. Die Stimmen der Moderaten, Vernünftigen und Abwägenden verstummen, die der Schrillen, Hassenden und Radikalen werden lauter. Die Nuancen ertrinken im Entweder-oder, im Wir-gegen-Die. Es ist ein politischer Krieg ausgebrochen – der nicht mehr nur rhetorisch ausgetragen wird.

Im amerikanischen Charlottesville rast ein Rechtsradikaler mit seinem Auto in eine linke Demonstration und tötet eine Frau. In anderen Teilen der USA werden Büros von republikanischen Abgeordneten angegriffen. Im polnischen Danzig wird der Oberbürgermeister, ein Anhänger der Opposition, auf einer Bühne niedergestochen und getötet. In Deutschland brennen Flüchtlingsheime und Autos von AfD-Politikern, in Chemnitz marschieren Nazis, in Hamburg randalieren Linksautonome. Egal, wo man hinschaut: Überall vertiefen sich die gesellschaftlichen Gräben.

Als ich wenige Tage nach der US-Präsidentschaftswahl in New York den ehemaligen Außenminister Henry Kissinger interviewte, sprach er von einem möglichen Bürgerkrieg. Ich dachte, er übertreibe. Aber mit jedem Monat, der seither vergangen ist, scheint dieses Szenario denkbarer geworden zu sein. Nichts scheinen die Menschen auf beiden Seiten der Spaltung mehr gemeinsam zu haben – außer vielleicht eines, die meisten zumindest: den Wunsch nach einer Lösung. Ja, sie haben sehr unterschiedliche Ideen, wie die Zukunft ihres Landes aussehen soll, aber zerbrechen, da dürften sich die meisten einig sein, soll es nicht. Es soll weiterexistieren, stabil und friedlich. Nur wie?

Die Antwort auf diese Frage müssen Politiker geben. Aber die meisten flüchten sich, egal, welcher Partei sie angehören, in Floskeln – man müsse Brücken bauen, Haltung zeigen, die Sorgen und Ängste der Bürger ernst nehmen. Schön und gut, will ich jedes Mal einwenden, aber was heißt das? Wenn Sie morgen um neun ins Büro kommen und sagen, heute nehme ich die Sorgen und Ängste der Bürger mal richtig ernst, was machen Sie? Was ist der erste Schritt? Der zweite? Der dritte?

Am Abend des 3. September 2017 saß ich, wie sechzehn Millionen andere Zuschauer, vor dem Fernseher. Es war kurz vor zehn, als Martin Schulz bedeutungsschwanger in die Kamera blickte. Maybrit Illner hatte ihn gerade um sein Schlussstatement im Kanzlerduell gebeten.

Schulz hatte gewusst, dass dieser Moment kommen würde. Dass er, der in dieser politischen Großkrise Kanzler werden wollte, jetzt ungestört zum Volk sprechen und seine Lösung präsentieren können würde. Vermutlich hatten seine Redenschreiber und Politikstrategen wochenlang über jedes Wort gegrübelt, das ihr Kandidat jetzt sagen würde, jede Kunstpause und jede Geste geübt, die das Gesagte unterstreichen sollten. Dann begann Schulz zu sprechen.

«Wir leben in einer Zeit des Umbruchs», sagte Schulz im Ton eines auswendiggelernten und einmal zu selten geübten Referats, «und in einer Zeit des Umbruchs ist das beste Mittel der Aufbruch und der Mut zum Aufbruch. Der Mut zum Aufbruch heißt die Zukunft gestalten und nicht die Vergangenheit verwalten.»

Ich erinnere mich, wie ich dachte: Der hat auch keine Ahnung, was zu tun ist.

Einige Monate später trat Angela Merkel – wiedergewählt, obwohl sie auch nichts Konkreteres gesagt hatte – vor den Bundestag und führte aus, wie sie die gespaltene Gesellschaft wieder zusammenführen wollte. Der steuerliche Freibetrag solle angepasst werden, sagte Merkel. Ein Baukindergeld von 1200 Euro für jedes Kind über zehn Jahre werde es geben, versprach sie. Und der Beitrag zur Arbeitslosenversicherung solle gesenkt werden. Ich dachte an Feuerwehrleute, die mit Eimern einen Waldbrand bekämpfen – und fühlte wieder diese Machtlosigkeit. Als seien wir Menschen zum Zuschauen verdammt, während um uns herum die Welt brennt. Aber war das wirklich so?

Ich weiß nicht, ob es Zufall war oder mein Alarm schlagendes Unterbewusstsein, aber in dieser Zeit bemerkte ich, dass ich mich journalistisch häufiger mit Orten beschäftigte, wo es gelungen war, Polarisierung zu überwinden. Es mag kitschig klingen, aber die Geschichten, auf die ich dort stieß, ließen mich an das Gute im Menschen glauben. Manchmal schrieb ich dann einen Artikel darüber, aber erst nach einer Weile fiel mir auf: In abgewandelter Form war es immer derselbe Mechanismus, der an diesen Orten zum Erfolg geführt hatte, der eine gewisse Magie ausgelöst hatte.

Immer waren dort Feinde, Gegner, Andersdenkende einander begegnet. Immer hatten sie sich wirklich kennengelernt, nicht nur oberflächlich. Und immer hatten sie anschließend differenzierter, freundlicher, klüger übereinander gedacht. In einigen Fällen waren aus Feinden sogar Freunde geworden, manchmal beste.

Ich begann mich zu fragen: Lässt sich aus dem, was an diesen Orten im Winzigkleinen passiert war, eine Strategie für das Ganzgroße entwickeln, ein politisches Werkzeug, mit dem sich die Fliehkräfte, die an den liberalen Gesellschaften des Westens zerren, eindämmen lassen?

Das klingt größenwahnsinnig, ich weiß. Also zog ich los

und sprach mit Wissenschaftlern, mit Politologen, mit Soziologen, vor allem mit Sozialpsychologen, unter ihnen auch einer, der klug genug gewesen war, einen Nobelpreis in einem Feld zu gewinnen, das gar nicht sein eigenes war. Ich erwartete, dass sie sagen würden: Vergiss es, das kann nicht funktionieren. Ich dachte, sie würden mich auf etwas hinweisen, das ich in meinem Reporter-Enthusiasmus übersehen hatte. Aber das passierte nicht. Stattdessen lernte ich, dass dieser mächtige Mechanismus, auf den ich gestoßen war, der Hass schwächt und Feindschaften beendet, seit siebzig Jahren erklärt ist, dass er wissenschaftlich erforscht ist, dass es dieses Wissen aber nie wirklich aus der akademischen in die reale Welt geschafft hat, zumindest nicht im großen Stil. An den Orten, an denen er seine Kraft entfaltet hat, hat er das eher zufällig getan, leise. Als ich dann anfing, nach Orten zu suchen, an denen dieser Mechanismus gezielt eingesetzt wurde, um Spaltungen zu überwinden, merkte ich: Auch die gibt es. Nur schaut kaum jemand hin.

Dieses Buch tut das. Es erzählt die Geschichten jener Orte und ihrer Menschen. Wir reisen in ein irisches Dorf, in eine dänische Polizeistation, in botswanische Schulen und in eine Hamburger Reihenhaussiedlung, auf die Schlachtfelder des Zweiten Weltkriegs und in die namibische Wüste. Wir treffen Nazis und Islamisten und jene, die sie bekämpfen. Und wir tauchen ein in sozialpsychologische Experimente, deren Ausgang mich anders auf die Welt blicken ließ.

Bevor es losgeht, will ich zwei Dinge versprechen. Wer, wie ich, gerade manchmal überwältigt ist vom Hass, der aus dem Fernseher, der Zeitung, dem Twitter-Feed schlägt, wird auf den folgenden Seiten Hoffnung finden, ein bisschen wenigstens. Und wer, wie ich, genervt ist von den unzulänglichen Politiker-Lösungs-Floskeln, den erwartet hier das Gegenteil: ganz konkrete erste, zweite, dritte Schritte, die andere bereits gegangen sind und die funktioniert haben.

DIE ANDEREN

Wie Begegnungen mit Fremden
die Gesellschaft retten können

Als er klein war, in den Vierzigerjahren, warnten ihn seine Eltern: Harald, pass auf, die Zigeuner klauen blonde Kinder. Als Teenager, in den Fünfzigern, sagt er, habe er beobachtet, wie Zigeuner in Hamburg von Tür zu Tür zogen und versuchten, den Deutschen Krempel anzudrehen. Als Erwachsener, in den Sechzigern, sagt er, sei ihm aufgefallen, dass es häufig Zigeuner waren, die sich unten in der Eckkneipe prügelten. An all das erinnert sich Harald Hermes, mittlerweile über siebzig, als in den vergangenen Jahren mit den Syrern und den Afghanen, mit den Irakern und Somaliern auch Roma nach Deutschland kommen. Für ihn bedeutet das vor allem eines: Probleme.

Harald Hermes lebt mit seiner Frau Christa im Erdgeschoss eines Reihenhauses im Hamburger Norden: zweieinhalb Zimmer, seit fast fünfzig Jahren. Draußen sind die Backsteine der Fassade verblasst, drinnen hat die Wohnung dieses Großelternhafte angenommen: die geblümten Gardinen, der Nippes auf dem Fensterbrett, die Strickdeckchen, die das gute Holz des Wohnzimmertisches schützen. Von den Fotos an den Wänden lächeln die beiden Töchter, beide selbst längst Mütter. Als Harald Hermes 2001 seinen Job als Kfz-Mechaniker aufgab, arbeitete er noch einige Jahre als Hausmeister. Dann ging er in den Ruhestand und ein Tag glich dem nächsten: Aufstehen, Frühstück, Mittagessen, mal kamen die Kinder mit den Enkeln, mal hatte Christa einen Arzttermin ausgemacht. So werde und so könne es weitergehen bis zum Tod, dachten die Hermes damals. Aber so ging es nicht weiter.

Mit der Zeit waren viele ihrer Nachbarn, Rentner wie sie, gestorben. Die Wohnungen standen leer und im Frühjahr 2014 kamen die ersten Flüchtlinge. Ein deutscher Nachbar rief bei der Stadt an, um sich zu beschweren. Ein anderer ging zur Zeitung. Harald Hermes schrieb Briefe an den Senat und an die Parteien. Es half nichts. Afghanen zogen in die Reihenhaussiedlung, Mazedonier und Roma. Auf den Wiesen, die jahrelang rentnerruhig zwischen den Häusern gelegen hatten, lärmten jetzt Kinder. Durch die Treppenhäuser schallten unverständliche Laute. Auf den Balkonen trockneten Teppiche und fremdartige Gewänder in der Sonne, obwohl in der Hausordnung stand, dass dort keine Wäsche aufgehängt werden darf. Harald Hermes dokumentierte die Verstöße mit seiner Digitalkamera und schickte die Fotos an die Hausverwaltung, aber auch das half nichts.

Im Sommer war Ramadan und die Muslime grillten nachts auf den Balkonen. Christa und Harald Hermes lagen mit offenen Augen im Bett, durch das gekippte Fenster drang kehlige Sprache herein, dazu der Geruch von gebratenem Fleisch, und sie fragten sich, wie es weitergehen solle. Im Winter, bei Minusgraden, standen bei den neuen Nachbarn die Fenster offen, während voll geheizt wurde. Harald Hermes schrieb an Olaf Scholz, damals Hamburgs Oberbürgermeister. Und an Wolfgang Schäuble, damals Finanzminister, den Harald Hermes im Fernsehen so etwas hatte sagen hören wie: Kein Bürger müsse einen Euro mehr bezahlen wegen der Flüchtlinge. 500 Euro zusätzliche Heizkosten hatten die Hermes auf der Uhr.

Harald Hermes wollte keine Ausländer in Deutschland, und seit hier welche eingezogen waren, fühlte er sich bestätigt.

Obwohl die Hermes in ihren Augen zunächst noch Glück gehabt hatten. Die ersten Flüchtlinge zogen in die Reihenhäuser drum herum, die Hermes hatten immer mindestens eine Wiese zwischen sich und den lauten Großfamilien. In ihrem Haus wohnte erst mal nur ein älteres afghanisches Ehepaar, das ruhig war und immer nett grüßte. Die Wohnung direkt über den Hermes, in der fast vierzig Jahre lang die Albrechts gelebt hatten, stand noch leer.

Bis an einem Tag im April Christa Hermes draußen auf dem Balkon beobachtete, wie einige Menschen ums Nachbarhaus herumschlichen. Ein bulliger, junger Mann. Eine hübsche Frau mit langem, schwarzem Haar, ein Baby auf dem Arm. Zwischen ihnen drei weitere Kinder, keines hüfthoch. Christa Hermes sah, wie der suchende Blick der Fremden am Balkon über ihrem Kopf haften blieb und sie langsam über die Wiese kamen. Sie rief durch die offene Balkontür: «Harald, ich glaub, wir kriegen Zigeuner!»

Die Familie blieb vor Christa Hermes' Balkon stehen und schaute hoch. Auch Harald war jetzt herausgekommen. Die junge Frau stellte alle vor, sechs Namen, die Christa Hermes sofort wieder vergaß. Dann sahen die Hermes, wie die Familie durch ihre Haustür trat. Durch die dünnen Wände hörten sie, wie sie die Treppe hochstiegen. Und sofort ging oben das Gerenne los, die Kinder, von einem Zimmer ins nächste, tap, tap, tap, und wieder zurück, tap, tap, tap. An diesem Abend mussten die Hermes den Fernseher lauter stellen.

Einen Tag später tropfte Wasser auf den Balkon der Hermes. Christa ging hoch und klingelte. Ein Kind öffnete, dann kam die Frau dazu. Es laufe Wasser vom Balkon, sagte Christa Hermes und die Frau verstand nicht. «Can you speak English?», fragte die Frau, aber Christa Hermes verstand nicht. Also ging sie einfach hinein in die Wohnung, vorbei an der Frau und dem Kind, direkt zur Balkontür. Draußen hingen Babywäsche, Hosen und Handtücher über einer Leine, nass wie nach einem heftigen Regenschauer. Das gehe so nicht, sagte Christa Hermes.

Die Frau führte Christa Hermes ins Bad und zeigte auf die Badewanne. Christa Hermes begriff: Diese Frau hatte keine Waschmaschine, keinen Trockner und keinen Wäscheständer. Als Kind hatte Christa Hermes selbst Wäsche mit der Hand waschen müssen und jetzt erinnerte sie sich daran, wie schwielig die Hände da wurden. «Ich habe noch einen Wäscheständer im Keller», sagte Christa Hermes. «Möchten Sie den haben?» «Ja», sagte die Frau, die das offenbar verstanden hatte.

Auf dem Weg zur Tür guckte sich Christa Hermes in der Wohnung um. Auf dem Tisch standen zwei Tassen. Auf dem Herd eine Erdnussdose, in der die Frau offenbar Babynahrung warmgemacht hatte. Es schien kein Geschirr zu geben. Außerdem war es viel zu warm für einen sonnigen Apriltag wie diesen. Christa Hermes deutete fragend auf den Heizkörper, und die Frau erklärte in gebrochenem Deutsch, die Kinder frören nachts in den Betten, sie hätten keine Decken, keine Kissen, nur ihre Pyjamas.

«Da wurde es bei mir erst mal heller im Kopf», erinnert sich Christa Hermes.

An diesem Tag shuttelte sie durchs Treppenhaus, runter in den Keller und wieder hoch, immer wieder. Sie brachte Wolldecken, Kissen, Bettwäsche, man hat ja von allem zu viel, sie schleppte Geschirr heran, Töpfe, Pfannen, einen Wasserkocher, eine alte Kaffeemaschine, die noch einwandfrei funktionierte. Bald trank sie mit der Frau Kaffee, von der sie jetzt wusste, dass sie Rosi* hieß. Schnell saß der kleine Milan auf Christa Hermes' Schoß. Dann kam Harald dazu und erfuhr, dass Robert, der neue Nachbar, in Serbien als Kfz-Mechaniker ausgebildet worden war. Dass sie denselben Beruf hatten.

---

* Als ich Rosi und Robert später für dieses Buch interviewe, bitten sie mich, ihren Familiennamen nicht zu nennen. Sie haben eine schlechte Erfahrung mit Presseöffentlichkeit gemacht und wollen sich und ihre Kinder schützen.

Rosi benutzte von da an die Wäschespinne der Hermes auf der Wiese. Wenn Christa Zeit hatte, half sie ihr beim Aufhängen. Sie hatte oft Zeit. Manchmal ging sie hoch, um mit den Kindern zu schmusen, die angefangen hatten, sie «Oma» zu nennen. Tobte Milan, der so viel Energie hatte, durch die Wohnung, sagte Rosi: «Psst. Opa unten schlafen.»

Rosi und Robert nannten Christa bald Mutti. Zuerst war sie irritiert davon, aber dann erfuhr sie, dass beide in kaputten Familien aufgewachsen waren, mit viel Gewalt und wenig Interesse. Christa Hermes war neben Rosi und Robert die einzige Person, die den Kindern überhaupt je Zeit und Liebe geschenkt hatte.

Im Sommer fuhren sie gemeinsam an die Elbe, es war warm und Rosi, bis zu den Knien im Wasser, wurde von einer Welle umgeworfen. Sie lachten darüber. Rosi kochte scharfes Essen, das sogar Harald aß, obwohl er so etwas eigentlich nicht mag, und zu Anastasias Einschulung buk Christa Hermes eine Erdbeertorte mit vielen frischen Erdbeeren. Innerhalb weniger Wochen waren die «Zigeuner» zu Menschen geworden, zu Robert, Rosi, Milan, Anastasia, Christina und Monika. Zu den engsten Freunden der Hermes.

Als ich drei Jahre später im Wohnzimmer der Hermes sitze, schüttelt Harald Hermes noch immer ungläubig den Kopf und sagt: «Wir können uns das selbst nicht erklären.» Und Christa Hermes: «Dass das Herz so voll Liebe sein kann für fremde Menschen. Das konnten wir uns nicht vorstellen. Das wurde ja nicht verordnet, das ist einfach so passiert.»

Die Hermes füllten eine Lücke im Leben «ihrer Serben», wie sie ihre Nachbarn damals bald nannten. Sie zeigten ihnen Hamburg, erklärten ihnen Deutschland. Und ihre Serben füllten eine Lücke im Leben der Hermes, die gar nicht gewusst hatten, wie sehr sie sich danach sehnten, gebraucht zu werden. Harald Hermes fragt sich manchmal, wie ihr Leben aussehen würde, wenn Christa an jenem Tag nicht hochgegangen wäre, um sich zu beschweren. Wenn Christa nicht gesehen hätte, dass diese Menschen mit nicht viel mehr als den Kleidern, die sie am Körper trugen, von der Stadt in diese Wohnung gesteckt worden waren. Wenn sie nicht verstanden hätten, dass ihre Nachbarn nicht aus Faulheit, Bosheit oder Dummheit ihre Wäsche auf den Balkon gehängt hatten, sondern weil ihnen nichts anderes übrig geblieben war.

Ende August fuhr Harald mit Robert zu einem Anwalt in die Innenstadt. Das mit dem Asyl werde nichts, sagte der. Erneut schrieb Harald einen Brief an den Staat, diesmal an die Ausländerbehörde. Einen Handwerker wie Robert könne Deutschland gebrauchen, die Familie sei bereit, sich zu integrieren, deutsche Werte anzunehmen, dafür könne er, Harald Hermes, bürgen. Sie hätten sogar eine Deutschland- und eine HSV-Flagge aufgehängt.

Harald Hermes versuchte eine Abschiebung zu verhindern, die er ein halbes Jahr zuvor euphorisch unterstützt hätte, damals, als der neue Nachbar ein Zigeuner war, ein potenzieller Betrüger oder Schläger, jedenfalls ein Problem. Aber dann hatte er sich als hart arbeitender Handwerker entpuppt, als fürsorglicher Familienvater, ja, immer noch ein Roma, wie Harald Hermes jetzt auch sagte, aber ein sehr liebenswerter.

Anfang September fuhren die Hermes nach Österreich, um ihre Goldene Hochzeit zu feiern. Auf dem Rückweg hielten sie im Westerwald bei Haralds Schwester. Es war Nachmittag, sie saßen vor dem Haus und tranken Kaffee, als Haralds Handy klingelte. Christa erkannte Rosis Stimme. Dann sah sie, wie ihrem Mann Tränen über die Wangen liefen. Ausgerechnet ihm, der nie weinte. Sie wusste sofort Bescheid.

Rosi rief von einer Parkbank in Belgrad an. In der Nacht waren die Polizisten gekommen und hatten die Familie geholt.

In Hamburg packten die Hermes die Sachen ihrer Nachbarn, von denen viele einst ihnen gehört hatten, in Koffer und Kisten und schickten diese nach Serbien. Die Hermes sammelten Geld und legten selbst etwas drauf. Sie installierten Skype und Telegram auf ihrem Tablet und redeten jeden Tag mit der Familie, die jetzt in einem Dorf zwei Stunden nördlich von Belgrad lebte, in einem kleinen Haus mit undichtem Dach und angebautem Schweinestall. Wenige Monate später stiegen die Hermes ins Flugzeug, für Christa, die panische Flugangst hat, war es das erste Mal in ihrem Leben. Sie blieben eine Woche und kamen innerhalb von drei Jahren sechs Mal wieder. Einmal brachten sie ihren Serben ein Auto, das sie in Hamburg gekauft hatten, 1700 Kilometer an zwei Tagen. Vier Jahre nach der Abschiebung schicken sie noch immer Lebensmittel, Spielzeug, Geld für Möbel, Werkzeuge oder Brennholz. Trotz der Entfernung haben die Hermes deutlich mehr Kontakt zu ihren Serben als zu den eigenen Kindern. Seit einiger Zeit hat Christa Hermes einen wiederkehrenden Gedanken, manchmal lässt er sie nachts wachliegen: «Was, wenn ich sie nie wiedersehe?»

*

Zum ersten Mal hörte ich von den Hermes in einer verrauchten Hamburger Kneipe. Eine Freundin erzählte mir von ihnen und sagte so etwas wie: Was für ein schöner Zufall, dass sich da Menschen trafen, die offen genug waren, die eigenen Vorurteile zu überwinden. Vielleicht nickte ich. Ja, wie schön. Aber eigentlich dachte ich an Bauer Huber und fragte mich: Das kann nicht wirklich Zufall sein, oder?

Einige Monate zuvor, auf dem Höhepunkt der Flüchtlingskrise, hatte mich die Redaktion auf die Schwäbische Alb geschickt, wo das Land Baden-Württemberg eine leerstehende Kaserne zur Erstaufnahmestelle für Asylbewerber umfunktioniert hatte. Die Kaserne lag am Rand des Dorfes Meßstetten. In diesem schwäbischen Einfamilienhäuser-Idyll mit sorgsam arrangierten Vorgärten und schweren Autos in den

Einfahrten lebten seit einigen Wochen tausende Flüchtlinge – und im Netz kursierten die wildesten Meldungen. Asylbewerber sollten Frauen belästigt, Ziegen gestohlen, gar geschächtet haben. Die neueste besagte, der Bauer, dessen Hof direkt neben der Kaserne lag, hätte in seiner Mülltonne einen abgeschlagenen Menschenkopf gefunden.

Gerold Huber begrüßte mich mit festem Händedruck und breitem Schwäbisch. Während er mich über seinen Bauernhof führte, vorbei an einem Traktor mit laufendem Motor und einem Stall, aus dem es dampfte, sah ich durch einen Zaun Flüchtlinge über das Kasernengelände nebenan spazieren. Ich fragte nach dem abgetrennten Kopf und er sagte, den hätte es nie gegeben. Wie das meiste, was über Facebook verbreitet werde, sei das nur ein Gerücht gewesen. Dann erzählte er mir die Geschichte, an die ich mich später in der Hamburger Kneipe erinnerte.

Gerold Huber war dagegen gewesen, Flüchtlinge in der Kaserne unterzubringen. Er hatte dem Landratsamt seine Bedenken mitgeteilt: tausende vom Krieg traumatisierte Menschen, viele auch noch Muslime, er habe Angst um seine Kinder, damals zwölf, neun und sechs Jahre alt. Die Flüchtlinge kamen trotzdem, die meisten aus Syrien und dem Irak, tatsächlich aus Gesellschaften, die gerade von Gewalt zerrissen wurden. Manchmal kamen Syrer vorbei und fragten nach Milch. Er gab sie ihnen. Einmal nahm er eine schwangere Frau mit dem Auto mit, die ein Schleuser am Straßenrand rausgelassen hatte.

Je häufiger Huber mit Flüchtlingen sprach, sagt er heute, desto mehr stellte er fest: Die allermeisten sind nette Leute. Die zwei oder drei Polizeieinsätze, die es in der Kaserne gegeben hatte, fielen auf einmal nicht mehr so sehr ins Gewicht. Bald hatte er nichts dagegen, als seine Tochter mit Freunden rüberging, um den Flüchtlingskindern bei ihren Deutschhausaufgaben zu helfen. Auch seine Frau engagierte sich und er selbst wendete sich erneut ans Landratsamt. Diesmal schlug er vor, Shuttle-Busse einzurichten, damit die Flüchtlinge die zwei Kilometer zum Einkaufen ins Dorf nicht mehr zu Fuß gehen müssten. Er war stolz, als die Busse dann tatsächlich fuhren.

Wie Harald Hermes setzte sich Gerold Huber für jene ein, die er zunächst abgelehnt hatte. Wie Harald Hermes erlebte er, wie sich diese Menschen vor seinen Augen verwandelten: von potenziellen Straftätern, die eine Gefahr für seine Kinder darstellten, zu netten Nachbarn, die volle Einkaufstüten die Landstraße entlangschleppen mussten. Auch Gerold Huber änderte seine Meinung. Genau wie Christa und Harald Hermes hatte er seine Ängste aus der Ferne kultiviert, hatte Vorurteile entwickelt, und wie das Hamburger Ehepaar korrigierte er sie, als er sah, dass sie nicht stimmten.

Das faszinierte mich, weil es so sehr dem Zeitgeist zu widersprechen schien. Auf dem Höhepunkt der Flüchtlingskrise schien die öffentliche Debatte von jedem Einzelnen eine Entscheidung zu fordern: Entweder du bist für Flüchtlinge oder du bist gegen sie. Entweder du versiehst sie mit dem Etikett «notleidend» oder mit dem Etikett «gefährlich». Wer sich einmal entschieden hatte, der schien dabei zu bleiben. Nicht Harald und Christa Hermes. Nicht Gerold Huber.

Wenn ich Freunden von Gerold Huber erzählte, sagten sie genau wie später die Freundin in der Hamburger Bar: Wie schön, dass es solche Menschen gibt! Ihr Ton suggerierte, dass es sich bei diesen Menschen um besondere Exemplare handeln musste, die offener, verständnisvoller sind als andere. Um seltene Empathie-Menschen, die unerkannt in unserer Mitte leben, bis ein Zufall sie exponiert.

Aber plötzlich begegneten mir diese Empathie-Menschen häufiger.

Ich las von einem Abtreibungsgegner in Kalifornien, der seine Meinung geändert hatte, nachdem ihm eine Frau im persönlichen Gespräch erklärt hatte, warum sie abgetrieben hatte. Ich las von israelischen und palästinensischen Jugendlichen, die während eines dreiwöchigen Campingtrips Freundschaften geschlossen hatten. Ich las das Buch des schwarzen US-Musikers Daryl Davis, der in einer Bar Klavier gespielt und mit seiner Musik einen Gast, der Mitglied des Ku-Klux-Klans war, so verzaubert hatte, dass er Davis noch am selben Abend angesprochen, sich in den Wochen danach mit ihm angefreundet und bald den Klan verlassen hatte. Man hätte annehmen können: Das sind «natürliche» Feinde. Wenn die aufeinandertreffen, endet es in Geschrei oder Gewalt. Aber es passierte jeweils das Gegenteil.

Dann betrat ich an einem heißen Sommertag eine Restaurant-Terrasse in Wismar und da saß mit mächtigem Körper, tätowierten Armen, Vollbart und Glatze: Sven Krüger, ein Neonazi.

*

Für meinen Job treffe ich manchmal extreme Menschen. An diesem Tag interviewe ich Sven Krüger für einen Artikel, der später in der ZEIT erscheinen wird. Krüger hat zehn Jahre im Gefängnis gesessen und zwei Jahre für die NPD im Kreistag. Er war 1992 in Rostock-Lichtenhagen dabei und ist, das erzählt er mir, noch immer stolz darauf. In den Neunzigern habe er nichts ausgelassen, sagt er. Im Interview spricht er von seinen völkischen Ansichten, von Blut und Ahnenreihen und von seiner Vision für ein nationalsozialistisches Deutschland. Ihm zuzuhören, ist verstörend. Er formuliert, ein Lächeln auf den Lippen und die Sonne im Gesicht, rassistische Gedanken, die einerseits nicht überraschend sind, weil man sie einem Neonazi unterstellen würde, andererseits habe ich noch nie jemanden getroffen, der sie tatsächlich mit Überzeugung ausspricht. Krüger tut das, nicht verschämt, nicht leise, sondern stolz und so laut, dass ich mich auf der Restaurant-Terrasse manchmal peinlich berührt umschaue. Interessant wird das Gespräch nach etwa einer Stunde, als Krüger von einem seiner Gefängnisaufenthalte erzählt.

Einige Zellen weiter hatte ein Palästinenser gesessen. Ein Kanake, wie Krüger sagt. Während des Freigangs hatten sie einander beäugt wie Feinde. Krüger war damals Mitte dreißig und trainierte viel, vor allem Bankdrücken. Im Sportraum des Gefängnisses stand eine Bank mit Gewichten, perfekt eigentlich, außer, dass man beim Bankdrücken einen Partner braucht. Als Hilfestellung, falls die Hantel abrutscht. Häufig war aber nur eine andere Person mit ihm dort: der Palästinenser.

Also machte Krüger lieber Klimmzüge und Liegestütze. Bis zu dem Tag, als er sah, wie sich der Palästinenser auf der Bank unter großem Gewicht abmühte, allein, viel zu gefährlich. Krüger ging hin und hielt seine Finger unter die Hantel, das Signal: Ich bin hier, wenn etwas schiefgeht. Anschließend legte sich Krüger auf die Bank und der Palästinenser half. Sie sprachen kein Wort. Kurz darauf teilte das Gefängnis beide derselben Arbeitskolonne zu. Wortlos fegten sie nebeneinander den Zellentrakt und putzten die Küche.

Auf der Terrasse erinnert sich Krüger nicht mehr, wer zuerst gesprochen hat. Nur noch, dass es im Pausenraum war und der Palästinenser über Israel schimpfte. Darüber, dass seine Familie seit zwei Generationen in einem Flüchtlingslager lebte. Krüger habe darauf geantwortet: «Die Juden mag ich auch nicht.» Auf einmal sei der Feind seines Feindes sein Freund gewesen – und blieb es für die restliche Haftzeit. «Das war ein einschneidendes Erlebnis, weil er der Erste war, den ich wirklich kennengelernt habe», sagt Krüger. «Wie wenn man im Ersten Weltkrieg im Schützengraben liegt, auf der einen Seite der Deutsche, auf der anderen der Franzose und es wird an Weihnachten ein Weihnachtsbaum aufgestellt. Ein kleiner Separatfrieden aus der Situation heraus. So habe ich mich gefühlt.»

Mir wird es später nicht gelingen, diese Geschichte zu verifizieren, weil ich Krügers palästinensischen Mitgefangenen nicht ausfindig machen kann. Aber als mir Krüger in Wismar von ihm erzählt, merkt er, dass ich erstaunt bin –

und erzählt mir eine weitere Geschichte, eine aus dem Jahr 2001.

Ein Gastronom aus Wismar, Peter Cipra, hatte damals eine verrückte Idee. Er war genervt davon, dass sich die Rechten und die Linken bei jedem Hafenfest und manchmal auch ohne Anlass gegenseitig durch die Stadt jagten. Dass Wismar immer nur Schlagzeilen machte, wenn es um Gewalt und Nazis ging. Cipra wollte etwas tun. Und da er Extremreisen liebte, fasste er den Plan, mit zwei Punkern und zwei Neonazis nach Namibia zu fliegen, um mit ihnen sechs Wochen durch die Wüste zu wandern.

Sven Krüger war einer von den beiden Neonazis. Der andere war ein Kumpel von ihm, den er Cipra vorgeschlagen hatte. Wer die zwei Linken waren, erfuhren die beiden erst am Bahnhof auf dem Weg zum Flughafen: zwei Punker, die Haare verfilzt, die Klamotten löchrig. Dem einen hatte Krüger mal eine Sektflasche auf dem Kopf zertrümmert. Der andere hatte ihm einen Motorradhelm ins Gesicht geschlagen. Im Zug gab Krüger Bier und Zigaretten aus.

Danach wanderten sie durch die Wüste, bis zu dreißig Kilometer am Tag bei bis zu vierzig Grad im Schatten, und abends am Lagerfeuer, müde von den Strapazen des Tages, waren die beiden Punker eigentlich ganz nette Kerle. Geführt wurde die Gruppe von Haruendo, einem Häuptlingssohn vom Volk der Himba, der einen Lendenschurz trug und einen Riemen, in dem ein Dolch steckte. Seine Haut und seine Haare rieb er mit einer Mischung aus roter Erde und Kuhdung ein, um die Malaria-Mücken fernzuhalten. Haruendo war der Einzige, der die Wasserlöcher kannte und der wusste, wo man nach Wasser graben musste, wenn mal keines in der Nähe war. Häufig tranken sie braunen Schlamm, den Haruendo aus der Erde holte. Nach einer Woche kotzte einer der beiden Linken Blut. Er hieß Thomas Wahnig und war 23 Jahre alt. Er konnte sich kaum mehr auf den Beinen halten, aber es war nicht sein Punker-Kumpel, der sich um ihn kümmerte, sondern Sven Krüger. Ausgerechnet der vielleicht berüchtigtste Neonazi Norddeutschlands, sein Feind, trug jetzt Wahnigs Rucksack durch die Wüste.

Heute ist Thomas Wahnig Mitte vierzig, lebt in einem Dorf im Mecklenburgischen und erzählt, dass damals vor der Namibia-Reise sein Leben von zwei Dingen bestimmt worden sei: jeden Tag genug Bier aufzutreiben, zur Not, indem er mit seinen Freunden in einen Supermarkt einbrach. Und Nazis zu verprügeln. Die Begegnung mit Krüger habe sein Leben verändert. Wahnig brach nach der Reise mit seinen Punker-Freunden, schnitt seine Haare kurz und ersetzte die Stiefel durch Turnschuhe. Heute ist er verheiratet und hat sechs Kinder. Er ist immer noch sehr links, aber in seinem Haus hängt eine Fotowand mit Namibia-Bildern, und wenn eines der Kinder fragt, wer der tätowierte Mann mit Glatze auf den Fotos sei, dann erzählt er von Sven, dem Neonazi, der ihm geholfen habe. Davon, dass man von der politischen Einstellung nicht zwangsläufig auf das Menschliche schließen dürfe. Dass es auch nette Nazis gebe.

Seither bestimmt diese Erkenntnis, die für ihn als radikalen Linken zunächst unangenehm war, auf eine befreiende Art sein Denken. Er sieht das so: Die Persönlichkeit eines Menschen hat nie nur eine Dimension, sondern viele. Was die Frage aufwirft: Was zählt wie viel? Was ist wichtiger, Sven Krügers Rassismus oder seine Hilfsbereitschaft, das Politische oder das Private? Wahnig sagt über ihn: «Politisch finde ich heute noch, dass Sven völlig falschliegt. Aber menschlich mag ich ihn leiden.»

Wenn Sven Krüger nach seiner Rückkehr aus Afrika seinen Neonazi-Kumpels von der Reise erzählte, dann erwähnte er manchmal die Nächte am Feuer mit den beiden Linken, vor allem aber berichtete er von den Afrikanern, die faul am Straßenrand rumgesessen oder an Mofas gelehnt hatten, anstatt zu arbeiten. Jetzt, da Krüger das mit eigenen Augen gesehen hatte, konnte er sie mit viel mehr Autorität faul nennen als vorher. Eine Ausnahme habe es aber gegeben: Haruendo. Der Häuptlingssohn, der sie durch die Wüste geführt hatte. Die Gruppe war damals etwas mehr als eine Woche unterwegs, Thomas Wahnig hatte die Wanderung, entkräftet von Hitze, Anstrengung und Schmutzwasser, abbrechen müssen, da wurde Peter Cipra, der Initiator der Reise, ohnmächtig. Krüger und Haruendo legten ihn über einen Esel und machten sich gemeinsam auf den Weg zum nächsten Krankenhaus, Verdacht auf Malaria. Während sich Cipra erholte, verbrachten Krüger und Haruendo die Tage miteinander. Sie saßen unter einem Baum im Schatten und «philosophierten über leben und leben lassen», erinnert sich Krüger. Haruendo habe ihn mitgenommen zum Springböcke-Jagen und zum Welse-Angeln. Als Krüger siebzehn Jahre später auf der Terrasse in Wismar von Haruendo erzählt, klingt es, als spreche er über einen Jugendfreund, den er aus den Augen verloren hat.

Ein Punker verprügelt Nazis. Dann lernt er einen kennen und mag ihn. Ein Neonazi hasst Muslime, verachtet Linke und hält Schwarze für minderwertig, und dennoch freundet er sich mit einem Palästinenser an, trägt einem Linken den Rucksack durch die Wüste und geht mit einem Himba angeln. Wie kann das sein? Als ich Sven Krüger diese Frage stelle, sagt er: «Das Problem ist, wenn du sie wirklich kennenlernst, kannst du sie nicht mehr hassen.»

Offenbar gehören neben Christa und Harald Hermes, Gerold Huber, dem kalifornischen Abtreibungsgegner, den israelischen und palästinensischen Jugendlichen, dem Musiker Daryl Davis und seinem Freund aus dem Ku-Klux-Klan auch der Ex-Punker Thomas Wahnig und der Neonazi Sven Krüger zur Gruppe der seltenen Empathie-Menschen. Entweder ist diese Gruppe größer, als ich dachte. Oder die Wahrheit ist viel banaler – und es gibt sie gar nicht, diese Gruppe.

Vielleicht lag meine Freundin in der Hamburger Kneipe falsch. Vielleicht war es kein Glück, dass sich die *richtigen* Menschen trafen, sondern dass sich die richtigen Menschen *trafen*. Vielleicht sind es nicht die Menschen, die diese Geschichten besonders machen, vielleicht sind es die Situationen.

＊

Wann haben Sie zuletzt mit jemandem gesprochen, der ganz anders war als Sie oder wenigstens ganz anderer Meinung? Damit meine ich nicht den Smalltalk mit dem rechten Onkel beim letzten Familientreffen oder ein paar Höflichkeitsfloskeln über eine Ladentheke hinweg, sondern ein offenes, interessiertes Gespräch. Das passiert nicht so häufig. Oft lässt der Alltag das gar nicht zu.

Wenn ich in die Redaktion radele, nehme ich immer denselben Weg durch die Hamburger Straßen. Es gibt Stellen, da ist es, als sei die Ampelschaltung mit meinem Metabolismus verknüpft. Ohne darüber nachzudenken, fahre ich genau so schnell, dass ich in der Sekunde an der Kreuzung ankomme, wenn das Licht auf Grün springt. Ich freue mich jedes Mal. Das Schöne an Routine ist die Verlässlichkeit. Und damit geht es nicht nur mir so. Wir reden uns ein, wie frei wir in den modernen Industriegesellschaften sind, aber in Wahrheit ist unser Dasein auf ständige Wiederholung getrimmt.

Der Wecker klingelt jeden Morgen zur selben Zeit. Im Auto hoffen wir, dass wir es rechtzeitig durch den Stau zur Stechuhr schaffen. Und später beeilen wir uns, um pünktlich zum Anstoß, zum Dinner-Date, zum Gute-Nacht-Geschichte-Vorlesen zu Hause zu sein, in Wohnungen, Häusern und Stadtvierteln, in denen es den meisten ebenso ergeht. Unser Alltag lässt uns Zeit für nur wenige Menschen: die Familie am Frühstückstisch, die Leute im Pendlerzug, die Kollegen in der Kantine, die Freunde, mit denen wir, ohnehin viel zu selten, am Abend ins Kino gehen.

Diese wenigen Menschen haben häufig ähnliche Jobs, ähnlich viel Geld, dieselben Hobbys, im Zweifel wählen sie dieselbe Partei. Es ist nachvollziehbar, dass wir uns mit Menschen umgeben, die sind wie wir, alles andere wäre anstrengend. Gleichzeitig hören wir im Autoradio Musik, die per Algorithmus auf eine Zielgruppe zugeschnitten ist, der wir angehören. Dazu liefert Facebook uns personalisierte Werbung. Und Amazon weiß, welche Bücher uns gefallen müssten. All das ist bequem und widerspruchsfrei.

Die individualisierte Moderne hat es möglich gemacht, dass wir mit den immer selben Menschen und den immer selben Ansichten Tag für Tag, Woche für Woche, Jahr für Jahr dieselbe Schrittfolge vollführen, schlafwandlerisch sicher wie Profitänzer mit einer eingeübten Choreografie. Das Unbekannte, das Fremde, das Abenteuer verbannen wir auf einen zweiwöchigen Abschnitt im Terminkalender, den wir Urlaub nennen. Das ist nur verständlich, und es wäre auch kein Problem, wenn uns diese Endlosschleife aus Vertrautem nicht dazu verleiten würde, unseren eigenen Erfahrungshorizont mit der Realität zu verwechseln. Zu der gehören auch diejenigen, die nicht in unserem Pendlerzug sitzen; alle, die nicht mit uns in der Kantine essen; andere, die viel mehr oder viel weniger verdienen als wir oder andere Radiosender hören, andere Werbung auf Facebook sehen, von Amazon andere Bücher vorgeschlagen bekommen und andere Parteien wählen – die aber trotzdem in unserer Stadt, in unserem Land leben, die Mitbürger sind und dennoch Fremde bleiben. Manchmal ignorieren wir sie so selbstverständlich, dass wir am Wahlabend die bunten Balken in der Tagesschau sehen und fragen: Wer sind diese Leute?

Es gibt nicht viele Orte in dieser Gesellschaft, an denen sich Fremde begegnen, an denen sich Andersdenkende wirklich kennenlernen. Früher teilten Wehrpflichtige, die nicht mehr gemeinsam hatten als den Pass und die Uniform, Stuben miteinander. Beim Zivildienst lernte auch der Anwaltssohn mal Menschen aus sozial schwachen Familien kennen –

und sie ihn. Im örtlichen Fußballverein spielten Kinder aller Gesellschaftsschichten in einer Mannschaft, und da es nur drei Fernsehprogramme gab, schauten am Samstagabend Enkel mit ihren Großeltern «Wetten dass ..?». Ich will das nicht verklären. Ich war nicht beim Militär und habe selten Lust auf das ZDF, vor allem, seit nebenan Netflix wartet. Aber je weiter sich die Gesellschaft ausdifferenziert, desto offensichtlicher wird, dass wir in einer Filterblasen-Gesellschaft leben, nicht nur digital, sondern analog. In bürgerlichen Stadtteilen wird heute eher Hockey gespielt, in Arbeitervierteln weiter Fußball. Während die Enkel auf den Schulhöfen über die neueste YouTube-Sensation sprechen, beschäftigt die Großeltern im Seniorentreff noch immer das ZDF-Programm. Der Anwaltssohn fängt heute direkt mit dem Studium an, wo er von Leuten umgeben ist, die häufig sind wie er.

Nicht nur politische Entscheidungen und technologische Innovationen haben die Auftrennung der sozialen Sphären gefördert, auch der gesellschaftliche Fortschritt. Seit auf (fast) allen Einkommens- und Bildungsebenen auch Frauen vertreten sind, heiratet ein Oberarzt nicht mehr so häufig wie früher eine Krankenschwester, sondern häufiger eine Oberärztin, ein Anwalt nicht mehr eine Sekretärin, sondern eine Anwältin.

In dieser Filterblasen-Gesellschaft herrschen zwischen vielen Gruppen, zwischen Armen und Reichen, zwischen Alten und Jungen, zwischen Einwanderern und Alteingesessenen, häufig Distanz und Sprachlosigkeit – ein idealer Nährboden für Vorurteile. Christa und Harald Hermes waren Teil einer Filterblase – bis jene, die sie ablehnten, über ihnen einzogen. Genauso wie Gerold Huber – bis nebenan auf einmal tausende Flüchtlinge lebten und seine Blase zerplatzen ließen. Auch Sven Krüger – bis er buchstäblich mit seinen Feinden eingesperrt wurde, im Gefängnis, in der Wüste.

Sie alle hatten keine Wahl. Das Fremde stieß in ihr Leben und plötzlich fielen ihre Ängste, ihre Vorurteile in sich zusammen wie Ersttrinker nach dem zehnten Schnaps. Plötzlich stand die Realität vor ihnen. Unbequem, aber nicht zu ignorieren. Kann es sein, dass wir alle eine solche Desillusionierung erleben würden, die eine mehr, der andere weniger, wenn wir unsere Blasen verließen? Dass wir das nur nicht wissen, weil es so selten passiert?

*

Als die amerikanischen Soldaten am Morgen des 7. März 1945 aus dem Wald traten und auf die Stadt Remagen blickten, trauten sie ihren Augen nicht. Aus dem Morgennebel, der über dem Rhein lag, ragte die Ludendorff-Brücke – sie stand noch. Alle anderen Brücken hatten die Nazis auf ihrem Rückzug gesprengt, um die Amerikaner daran zu hindern, das letzte große Hindernis auf ihrem Vormarsch nach Deutschland zu überwinden: den Rhein. Aber jetzt schauten die Soldaten hinunter auf dieses dreihundert Meter lange Stahlkonstrukt, das geradewegs hinüber führte ans andere Ufer, Verheißung und Todesfalle zugleich. Denn drüben am Ostufer sahen die Amerikaner viele Wehrmacht-Soldaten herumrennen. Wahrscheinlich bereiteten sie die Sprengung vor.

Die amerikanischen Kommandeure schickten ihre Männer auf die Brücke. Geduckt gingen sie voran. Zwischen ihnen schlugen Artilleriegeschosse ein, von drüben zischten Maschinengewehrsalven heran und streckten Kameraden nieder, über deren Leichen die Soldaten hinwegstiegen. Einige schafften es ans andere Ufer. Dann weitere. Sie eroberten den Brückenkopf und erstürmten die Hügel des Erpeler Ley. Dann sicherten sie die Stellung und warteten auf Verstärkung.

Hitler befahl, die Amerikaner zurückzudrängen. In den nächsten Tagen entbrannte eine der letzten großen Schlachten des Zweiten Weltkriegs. Die Wehrmacht schickte eine Einheit nach der anderen in den Kampf um den Brückenkopf, der unter anderem verteidigt wurde von der amerika-

nischen Kompanie K. Viele ihrer Soldaten waren bereits gefallen, andere verletzt. Wenn nicht bald Verstärkung käme,
würden die Deutschen sie überrennen. Dann hörten sie am
Nachmittag des 13. März 1945 Gewehrfeuer aus dem Wald
unterhalb ihrer Stellung. Der amerikanische Autor David
Colley, der später mit Veteranen sprach und die Situation re-
konstruierte, beschreibt den Moment so: «Die Männer befürchteten das Schlimmste. Sie kauerten in ihren Erdlöchern
und umklammerten ihre Waffen. Dann sahen sie eine zackige
Linie von Soldaten aus dem Wald treten. Erleichtert sahen
sie, dass die Männer olivfarbene Uniformen und die topfarti-
gen Helme der US-Armee trugen. Aber als sie näherkamen,
sahen die GIs der Kompanie K, dass die Gesichter dieser
Männer braun waren, sie schienen mit den matschfarbenen
Helmen zu verschmelzen. Aus ihrer Erleichterung wurde
Schock. Es waren schwarze Amerikaner, die ihnen zu Hilfe
kamen, und – noch erstaunlicher – sie waren nicht gekommen, um sie abzulösen, sondern um mit ihnen gemeinsam zu
kämpfen.»[1]

Zum ersten Mal seit 162 Jahren, seit der amerikanischen
Revolution, brach die US-Armee in der Schlussphase des
Zweiten Weltkriegs mit ihrer Doktrin der Segregation. Wie
die gesamte amerikanische Gesellschaft galt auch in der Armee die Rassentrennung. Die Sklaverei war zwar Mitte des
19. Jahrhunderts abgeschafft worden, die allermeisten Amerikaner hielten Schwarze aber weiterhin für dümmer, ge-
walttätiger, sexuell zügelloser, fauler und dreckiger als weiße
Amerikaner. Gesetze verhinderten, dass Schwarze und Weiße
in derselben Schule lernten, in demselben Bus fuhren, in
demselben Restaurant aßen oder in demselben Hotel schliefen. Natürlich durften sie auch nicht gemeinsam kämpfen.
Der Weltkriegs-General George Patton hatte in einem Brief
an seine Frau geschrieben: «Ein farbiger Soldat kann nicht
schnell genug denken, um in Ausrüstung zu kämpfen.»[2]
Schwarze und weiße Soldaten gemeinsam kämpfen zu las-

sen, hätte aus Sicht der Armee bedeutet, dass aus dieser Einheit keine *Band of Brothers* werden konnte. Wo gegenseitiges Vertrauen den Unterschied zwischen Leben und Tod machte, würde Misstrauen herrschen. Also waren die wenigen schwarzen Soldaten, die überhaupt in Kampfeinheiten der US-Armee dienten, in eigenen, schwarzen Platoons organisiert – bis zu diesem Tag am Ostufer des Rheins, als der Krieg der Armee keine Wahl ließ. Die Schlachten waren verlustreich und die einzigen Soldaten, die helfen konnten, waren schwarz.

Einer dieser schwarzen Soldaten, J. Cameron Wade, sagte später: «Wir aßen zusammen, schliefen zusammen, kämpften zusammen. Es gab keine Zwischenfälle, die Armee konnte es nicht glauben.»[3] Sie hielten das Ufer. Dann marschierten sie weiter Richtung Osten, Richtung Sieg.

Der Krieg hatte hier ein Gesellschaftsexperiment geboren. Aus schierer Notwendigkeit gab ein winziger Teil der amerikanischen Gesellschaft, einige tausend Soldaten in den schlammigen Hügeln des Rheinlandes, die Rassentrennung auf. Um herauszufinden, was das mit den Beteiligten machte, schickte die Army Forscher los, um die Soldaten zu befragen. Den General George Patton dürfte das Ergebnis überrascht haben. 77 Prozent der Weißen, die mit Schwarzen gekämpft hatten, sagten, sie würden Schwarze jetzt lieber mögen und stärker respektieren. Vorher hatten sie als feige gegolten. Offiziere hatten angenommen, Schwarze würden unter Beschuss einfach weglaufen. Aber nach der Schlacht antworteten auf die Frage, wie die schwarzen Soldaten gekämpft hatten, 84 Prozent der befragten Weißen mit «sehr gut». Und die restlichen 16 Prozent mit «gut».[4] Ein Kompaniechef aus Nevada sagte: «Man würde denken, es kann nicht funktionieren. Tat es aber.» Ein Sergeant aus South Carolina: «Als ich sah, wie sie kämpften, änderte ich meine Meinung.» Ein Platoonführer aus Texas: «Wir alle haben Schwierigkeiten erwartet – es gab keine.»[5]

Was für das Ehepaar Hermes und den Bauern Gerold Huber die Nachbarschaft war, war für diese Soldaten der Krieg – er zwang sie, die Wahrheit zu sehen, die Menschlichkeit des Anderen. Er zertrümmerte ihre Vorurteile. Dank der Armee-Umfrage wissen wir heute: Es waren nicht einzelne Soldaten, die ihre Meinung änderten, es waren keine besonderen, seltenen, empathischen Soldaten, es war die große Mehrheit. Selbst die Soldaten aus den besonders rassistischen Südstaaten waren keine Ausnahme.

Nach dem Krieg fanden die Ergebnisse der Armee-Umfrage ihren Weg in ein Büro auf dem Campus der Harvard-Universität vor den Toren Bostons. Dort arbeitete Gordon Allport, einer der brillantesten Sozialpsychologen des 20. Jahrhunderts, an einem Buch über Vorurteile. Allport war in Ohio aufgewachsen, als Teenager hatten ihn seine Mitschüler gehänselt, weil er mit acht Zehen geboren worden war. Er war ein miserabler Sportler, aber ein exzellenter Schüler. Er schrieb Bestnoten, wurde Chefredakteur der Schülerzeitung, hielt die Abschlussrede, dann ging er mit einem Stipendium nach Harvard und wurde Professor. Jetzt beugte sich Allport über die Studie der Armee. Deren Forscher hatten in den letzten Kriegsmonaten nicht nur jene Soldaten befragt, die mit schwarzen Kameraden gekämpft hatten, sondern 1700 US-Soldaten überall in Europa.[6] Immer stellten sie diese Frage: Wie würden Sie sich fühlen, wenn Ihre Einheit schwarze Platoons beinhalten würde?

Weil die Armee mit ihren Divisionen, Regimentern, Kompanien und Platoons so unübersichtlich, das Ergebnis der Umfrage aber so unglaublich ist, hilft vielleicht ein etwas vereinfachender Vergleich: Stellen wir uns vier Gruppen weißer Soldaten vor. Die erste besteht aus jenen Männern, die tatsächlich bei Remagen mit schwarzen Kameraden gekämpft haben. Die zweite aus jenen auf der anderen Rheinseite, die selbst nicht mit Schwarzen zu tun hatten, aber vielleicht durch ihr Fernglas dem Kampf zugesehen haben. Die dritte aus Soldaten fünfzig Kilometer hinter der Front, die nur durch ihre Funkgeräte vom Gefecht gehört haben. Und die vierte aus Soldaten, die in den USA geblieben sind, weil sie zum Beispiel noch in der Ausbildung sind. Stellen wir uns vor, allen Gruppen wurde dieselbe Frage gestellt: «Würde es Ihnen sehr missfallen, in einer Einheit mit schwarzen Soldaten zu dienen?»

Von den Soldaten in den USA, Gruppe vier, sagen 62 Prozent, diese Vorstellung missfalle ihnen sehr. Diese Soldaten hatten nie direkt mit Schwarzen zu tun. Bei den Soldaten fünfzig Kilometer hinter der Front, Gruppe drei, die vom Einsatz der Schwarzen gehört haben, sind es nur noch 24 Prozent. Der großen Mehrheit missfällt die Idee nicht. Bei den Soldaten auf der anderen Rheinseite, Gruppe zwei, die den Einsatz sogar gesehen haben, missfällt die Idee nur noch 20 Prozent. Und bei Gruppe eins, bei jenen, die ihn live miterlebt haben, sind es nur noch sieben Prozent. Sieben Prozent! Ihre Vorurteile sind auf dem Schlachtfeld zerstört worden.

Je mehr Kontakt, je mehr Nähe, desto weniger Vorurteile. Kann man das verallgemeinern? Oder gilt der Zusammenhang vielleicht nur für ethnische Vorurteile? Vielleicht ist auch die Situation zu speziell, immerhin handelt es sich um Soldaten im blutigsten Krieg der Weltgeschichte. Ist es nicht normal, dass Menschen die Hautfarbe egal ist, wenn sie einen gemeinsamen Feind bekämpfen? Wenn das eigene Leben bedroht ist? Wahrscheinlich stellte sich der Sozialpsychologe Gordon Allport in Harvard genau diese Fragen, als er die Ergebnisse las. Aber dann fand er im selben Dokument eine zweite Zahlenreihe.

Da die Armeeforscher schon mal unterwegs gewesen waren, hatten sie die Soldaten nicht nur nach ihren schwarzen Kameraden befragt, sondern noch nach einer anderen Personengruppe, nach dem Feind – den Deutschen. Von den US-Soldaten, die nie in Deutschland waren, äußerten 74 Prozent eine ablehnende Haltung gegenüber «den Deutschen».

Von den Soldaten, die zwar in Deutschland waren, aber keinen Kontakt zur Zivilbevölkerung hatten, sagten das noch 51 Prozent. Von denen, die in den drei Tagen vor der Befragung maximal zwei Stunden Kontakt zu deutschen Zivilisten hatten, waren es nur noch 43 Prozent. Bei mehr als fünf Stunden Kontakt noch 24 Prozent.[7]

Man muss sich das vorstellen: Die Frontsoldaten hatten eine überwiegend wohlwollende Einstellung gegenüber der Bevölkerung des Landes, gegen das sie gerade den größten Krieg der Geschichte kämpften. Auch hier: je mehr Kontakt, je mehr Nähe, desto weniger Vorurteile, desto mehr Sympathie.

Es brauchte keinen gemeinsamen Feind, keine Leben-und-Tod-Situation, Kontakt funktionierte auch so. Jetzt könnte man einwenden, in beiden Fällen waren es Soldaten, die ihre Vorurteile ablegten. Wer weiß, ob derselbe Mechanismus auch im zivilen Leben funktioniert?

Allport fand eine Studie über eine Schulklasse aus Ohio.[8] Vor einer Studienfahrt wurden die 27 Schüler gebeten, ihre Klassenkameraden auf einer Skala von eins («wir sind ganz eng, beste Freunde») bis sieben («würde ich am liebsten gar nicht kennen») zu verorten. Dann verbrachten sie eine Woche in Chicago, besuchten die Bundesbank, ein Schlachthaus, eine Autofabrik. Sie teilten sich Hotelzimmer und aßen dreimal am Tag gemeinsam. Nach ihrer Rückkehr wiederholten sie die Aufgabe. 20 von 27 Schülern waren jetzt beliebter als vorher. Auch hier hatte der Kontakt dazu geführt, dass sich Vorurteile abgebaut hatten, die Klasse war enger zusammengerückt.

Gordon Allport veröffentlichte sein Buch unter dem Titel «Die Natur des Vorurteils» im Jahr 1954, einer Zeit großer politischer Verwerfungen, die er im Vorwort so beschreibt: «Muslime misstrauen Nicht-Muslimen. Juden sind in Israel umstellt von Antisemitismus. Flüchtlinge irren umher in Regionen, wo sie nicht wohlgelitten sind. Einige Feindschaften

mögen auf realen Interessenskonflikten beruhen, die meisten
sind Produkte von Ängsten und Einbildungen. Aber auch
eingebildete Ängste können reales Leid hervorrufen.»[9]
Allport beschrieb die Fünfzigerjahre, aber es braucht nicht
viel Fantasie, um seine Worte auf das 21. Jahrhundert zu
übertragen. Damals formulierte Allport, basierend auf den
Studien und Umfragen, die er gefunden hatte, eine Lösung,
die als Kontakthypothese bekannt wurde. Allport kommt
zum Ergebnis: Ja, der Mechanismus, den er bei den Soldaten
und den Schülern beobachtet hat, gilt im Allgemeinen. Kontakt zwischen Feinden reduziert Vorurteile, führt zu einem
friedlicheren Miteinander. Allerdings, warnt Allport, gebe es
eine Art von Kontakt, für die das nicht gelte, die Vorurteile
nicht reduziere, sondern sogar verstärke. Dann nämlich,
wenn der Kontakt so oberflächlich sei, dass er ein Vorurteil
zwar wachrufe, es aber nicht angreifen könne. Der Neonazi
Sven Krüger wäre ein gutes Beispiel gewesen.

Als Krüger in Namibia im Vorbeifahren Menschen im Staub
sitzen oder an Mofas lehnen sah, schloss er daraus, sie seien
faul. Sein Vorurteil wurde wachgerufen. Hätte er angehalten,
hätte er vielleicht gesehen, dass viele der Frauen, die dort saßen, neben sich kleine Tücher auf dem Boden ausgebreitet
hatten, auf denen einige Mangos lagen oder Bananen. Hätte
er mit den Frauen gesprochen, hätten sie ihm vielleicht gesagt, dass sie die Früchte im Garten geerntet hätten und jetzt
verkauften. Hätte er mit den Männern gesprochen, die an
ihren Mofas lehnten, hätten sie ihm vielleicht gesagt, dass
sie Taxifahrer seien und auf Kundschaft warteten. Vielleicht
hätten sie ihm auch etwas ganz anderes erzählt, wer weiß,
aber Sven Krüger gab ihnen keine Gelegenheit, sein Vorurteil zu korrigieren. Er fuhr ja nur an ihnen vorbei.

Oder, ein weiteres Beispiel: die Töchter von Christa und
Harald Hermes. Ihre Eltern erinnern sich, je enger sie sich
mit ihren serbischen Nachbarn anfreundeten, desto eindring-
licher warnten ihre Töchter: Lasst euch von denen nicht aus-

nutzen! Selbst kennenlernen wollten sie die Nachbarn nicht. Ihr Vater hatte immer Vorsicht vor Zigeunern angemahnt, und das nahmen sie sich zu Herzen, selbst als der längst seine Meinung gegenüber den Nachbarn geändert hatte. Auf eine oberflächliche Weise war diese Roma-Familie in das Leben der Töchter getreten, sie waren präsent als vorbeihuschende Gesichter im Treppenhaus, als Figuren in den Erzählungen der Eltern. Aber das reichte nicht, um ihr Vorurteil aufzubrechen. Gordon Allport hätte diesen Kontakt «touristisch» genannt.

Laut Allport muss der Kontakt intensiver sein. Außerdem identifizierte er vier Bedingungen, die erfüllt sein sollten, damit Kontakt funktioniert: Beide Gesprächspartner sollten gleichrangig sein (Soldaten, Nachbarn). Ein gemeinsames Ziel haben (den Feind töten, gute Nachbarschaft). Daran gemeinsam arbeiten (nebeneinander im Schützengraben liegen, gemeinsam Wäsche aufhängen). Der Kontakt sollte von oben gutgeheißen werden (Kommandeur, Zeitgeist).

Allport veröffentlichte sein Buch in einer Zeit, in der sich Amerika wandelte. Die Bürgerrechtsbewegung forderte ein Ende der Rassentrennung, und wer ein wissenschaftliches Argument dafür suchte, fand es in der Kontakthypothese. Schrittweise öffnete sich die amerikanische Gesellschaft für Schwarze: Hotels, Restaurants, Busse, Schulen, die Armee. Aber als dieser Prozess abgeschlossen war, verschwanden Allports Gedanken wieder aus dem Alltag und waren nur noch in psychologischen Fachgesprächen zu finden.

In der Wissenschaft inspirierte Allport über die Jahrzehnte hunderte Folgestudien. Forscher aus Dutzenden Ländern testeten rassistische, sexistische, politische und religiöse Vorurteile. Sie machten Experimente im Labor und im Feld, wie Psychologen die reale Welt nennen. Sie wendeten mathematische Methoden an, die Allport noch nicht gekannt hatte. Sie vergrößerten die Stichproben und machten ihre Ergebnisse damit so aussagekräftig, dass Allports Zahlen zu anek-

dotischem Schnickschnack schrumpften. So vielfältig und
unübersichtlich wurde die Fachliteratur, dass im Jahr 2006
zwei Sozialpsychologen die Ergebnisse von mehr als fünf-
hundert Studien in eine Formel bündelten und in einer sogenannten Metastudie, einer Studie über Studien, eine Summe
zogen.[10]

Sie stellten fest: Allport hatte recht. Er hatte sogar umfassender recht, als er selbst gedacht hatte. Kontakt funktioniert
auch, wenn seine vier Bedingungen nicht erfüllt sind. Aus
der Hypothese war eine Theorie geworden, bis auf weiteres
wissenschaftlicher Konsens. Nur bekamen das außer den
Fachleuten wenige Menschen mit.

Als ich vor drei Jahren auf Allports Arbeit stieß, war ich
elektrisiert und bin es noch heute. Ist das nicht genau die
Arznei, die das Land gerade braucht? Die Fliehkräfte, die an
der deutschen Gesellschaft zerren, sind doch zu einem großen Teil mit Vorurteilen zu erklären. Vor Flüchtlingen fürch-
ten sich ja vor allem jene, die keine kennen. Pegida mobili-
siert gegen den Islam dort, wo es kaum Muslime gibt – in
Sachsen. Und AfD-Wähler werden vor allem von jenen als
Nazis beschimpft, die noch nie mit einem gesprochen haben.

Als ich einmal bei einer Demonstration des Leipziger Pegida-
Ablegers einen Mann ansprach, der eine riesige Deutschland-
Flagge schwenkte, sagte er, mit der Lügenpresse rede er
nicht. Wir kamen dann doch ins Gespräch und es stellte sich
heraus, dass er noch nie mit einem Journalisten gesprochen
hatte. Wir redeten eine halbe Stunde lang, am Ende gab er
mir die Hand und sagte, wir lägen zwar politisch weit auseinander, aber das Gespräch habe er gut gefunden.

Immer wieder treffe ich bei Recherchen Menschen, die aus
der Distanz verurteilen. Die Flüchtlingsfreunde zu Umvol-
kern erklären, Flüchtlingsskeptiker zu Nazis und Muslime
zu Terroristen, ohne je mit einem Mitglied dieser Gruppen

gesprochen zu haben. Um nicht missverstanden zu werden: Einige Muslime mögen Terroristen sein, einige AfD-Wähler Nazis, einige Journalisten Lügner, aber zum Glück längst nicht alle, wahrscheinlich sogar ziemlich wenige.

Wer eine ganze Gruppe nach ihren extremsten, ihren gefährlichsten Mitgliedern definiert, der führt eine Gesellschaft in den Abgrund. Der kreiert eine von Vorurteilen vernebelte Welt, die nur noch von schemenhaften Fratzen bevölkert ist, von Terroristen und Extremisten, von Kriminellen und Nazis, von Lügnern und Betrügern. Kein Wunder, dass es da viele mit der Angst zu tun bekommen.

Mich erinnert das an Landkarten aus dem Mittelalter. Damals malten Kartographen manchmal Seeungeheuer ins Meer. Ich stelle mir vor, wie ein Mönch in der Schreibstube irgendeines Klosters, weit weg vom Ort, den er gerade illustrieren will, bar jeder verlässlichen Information, seine Federspitze in Tinte tunkt und mit großer Überzeugung riesige Schlangen malt, Monster mit Löwengesichtern, vielarmige Wesen mit blitzenden Zähnen. Er nimmt einfach mal das Schlimmste an. Unsere politische Debatte ist voller Seeungeheuer.

Von einem mittelalterlichen Mönch zu fordern, er hätte jedes Mal seine Klosterstube verlassen, an die Küste reisen und ein Schiff besteigen müssen, wäre viel verlangt gewesen. Heute haben wir es zum Glück einfacher. Mit einem Flüchtling, einer AfD-Wählerin, einem Journalisten oder sonst jemandem zu sprechen, den man nicht mag, ist sehr leicht. Theoretisch.

Wohin es führen kann, wenn zu viele Menschen das trotzdem nicht tun, können wir gerade an vielen Orten sehen. Für eine ZEIT-Reportage besuchte ich zum Beispiel einige Male das Dorf McConnellsburg im US-Bundesstaat Pennsylvania. Es zählt tausend Einwohner, zwei Ampeln, elf Kirchen und einen gut frequentierten Waffenladen. Die Menschen hier sind Milchbauern und Hausfrauen, Lastwagenfahrer und Kfz-Mechaniker, stolze Arbeiter und stolzgekränkte Arbeitslose. 84 Prozent haben bei der Präsidentschaftswahl 2016 für Trump gestimmt. Als ich einige Tage später meinen Wagen vor Johnnie's Diner parke, einem Schnellrestaurant, durch dessen Fenster ich rote Plastiksitze und grelles Neonlicht sehe, fühle ich mich, als sei ich in einen schlechten Film geraten. Am Tresen sitzt ein dicker Mann mit Basecap und sagt: «Wenn du Hillary-Wähler suchst, die gibt es hier nicht. Und wenn doch, dann würden sie es nicht zugeben.»

Die Menschen in Johnnie's Diner erzählen mir von den großen Gefahren für ihr Amerika: die illegalen Einwanderer, die liberalen Städter und die Schwarzen. Es ist seltsam, ich verbringe einige Tage in McConnellsburg und sehe keinen einzigen schwarzen Menschen. 97 Prozent der Einwohner sind weiß. Auch Städter verirren sich selten hierher. Illegale Einwanderer gibt es kaum. Die Leute in Johnnie's Diner haben Angst vor Menschen, die sie nicht kennen. In ihrem Kopf haben sie Ungeheuer erschaffen.

Einige Tage später, in New York, treffe ich die andere Seite. Menschen, die Trump-Wähler, von denen ich hier keine finden kann, ganz selbstverständlich als Faschisten, Rassisten oder Nazis bezeichnen. Wenn ich frage, wie viele Trump-Wähler sie persönlich kennen, sagen viele: keinen Einzigen. Wo ist da der Unterschied zu den Menschen im Diner, außer dass sich die Vorzeichen umgekehrt haben? Auch sie haben Ungeheuer erschaffen.

Hier wie da herrscht eine Atmosphäre der Einschüchterung, des Gruppenzwangs, wie nur große Homogenität sie auslösen kann. Studien belegen, dass Amerikaner, die umziehen, heute stärker darauf achten, dass sie sich in Gegenden niederlassen, wo die Bewohner ihre politischen Meinungen teilen.[11] Das Land segregiert sich selbst. Wie früher, nur dass die Trennung nicht mehr in erster Linie zwischen Schwarzen und Weißen verläuft (obwohl es diese Trennung noch immer gibt), sondern zwischen den politischen Lagern. Wie damals sprießen in diesen homogenen Milieus die Vorurteile gegenüber den Anderen.

33 Prozent der Demokraten und 40 Prozent der Republikaner sagen in einer Umfrage, es würde sie stören, wenn ihr Kind ein Mitglied der anderen Partei heiraten würde. 1960 waren es gerade mal fünf Prozent.[12] Die politisch Engagiertesten auf beiden Seiten sehen die jeweils anderen nicht nur als «im Unrecht», sondern als «so fehlgeleitet, dass sie das Wohl der Nation gefährden». Die Soziologin Arlie Russell Hochschild schreibt in ihrem Buch *Strangers In Their Own Land*: «Weil wir uns nicht mehr kennen, ist es so einfach, sich in Abscheu und Verachtung einzurichten.»[13] Sie hätte noch hinzufügen können: «Weil wir uns in Abscheu und Verachtung einrichten, lernen wir uns nicht mehr kennen.» Denn der Mechanismus wirkt in beide Richtungen, aus Distanz folgen Vorurteile und aus Vorurteilen folgt Distanz. Diese Eskalationsspirale hat die USA zu einer Angst-und-Hass-Gesellschaft werden lassen.

Die Versuchung ist groß, zu sagen: Amerika ist weit weg, hier in Europa, in Deutschland ist es nicht so schlimm. Aber vielleicht wäre es richtiger zu sagen: noch nicht. Wir können dieselben Phänomene ja auch hier beobachten. Die Ausländerfeindlichkeit ist dort am größten, wo es keine Ausländer gibt. Die Islamfeindlichkeit dort, wo es keine Muslime gibt. Der Hass gegen Wähler rechtspopulistischer Parteien dort, wo es sehr wenige von ihnen gibt – in den Metropolen. Es sind die Abwesenden, die Ängste auslösen und Hass auf sich ziehen.

Mich lässt das verzweifeln – wir wissen, dass Vorurteile ein Problem sind. Wir wissen, dass sie durch Kontakt zwischen jenen, die sich vorverurteilen, reduziert werden. Wir wissen, dass eine Gesellschaft dadurch friedlicher wird. Und trotzdem lassen wir zu, dass dieser Kontakt zur Ausnahme wird.

Als Sven Krüger aus Namibia zurückkam, zog er sich wieder zurück in seine Blase. Freunde Nazis. Nachbarn Nazis. Mit-

arbeiter Nazis. Als er aus dem Gefängnis kam, machte er es
genauso. Thomas Wahnig, Haruendo und den Palästinenser
sah er nie wieder. Krüger sagt, er mache das bewusst. Er ver-
meidet den Kontakt zu denen, die er hassen will. Nähe führe
zu Verständnis, sagt er. Deswegen gebe es in großen Städten
so viel davon. Dort gingen die Menschen zu ihrem «Gemü-
setürken», der ihnen freundlich ihre Avocados verkaufe, und
irgendwann würden sie gefragt: «Hast du was gegen Ausländer?», und sie sagten: «Nein, ich kenne ja ganz viele.» Deswegen halte er bewusst Distanz. Sein Gemüsemann sei kein
Türke, sondern Deutscher. Um hassen zu können, trickst er
seine Empathie aus, seine Menschlichkeit.

Die Gesellschaft macht es ihm sehr leicht. Dabei müsste
sie genau das Gegenteil tun. Anstatt die amerikanischen Fehler zu wiederholen, müsste sie, müssten wir die magischen
Momente, die das Ehepaar Hermes, der Bauer Gerold Huber, die weißen Soldaten vor Remagen und auch Sven Krüger
zufällig erlebt haben, institutionalisieren, sie gezielt herbei-
führen. Wir müssten die Gesellschaft so organisieren, dass
sich Rechte und Linke, Arme und Reiche, Homosexuelle
und Homophobe, junge Migrantinnen und alte weiße Männer begegnen, sodass die Gesellschaft zusammenwächst, wo
sie heute auseinanderstrebt.

Am Anfang dachte ich: Das kann nicht funktionieren. Wer
soll das durchsetzen und wie? Aber dann stieß ich bei meiner
Arbeit, zunächst zufällig, auf Orte, an denen das gelungen
war. Und irgendwann fing ich an, gezielt nach ihnen zu
suchen – und wieder habe ich welche gefunden.

Einige dieser Orte sind winzig klein, andere liegen auf
fernen Kontinenten oder in der Vergangenheit. An einigen
reichte ein kosmetischer politischer Eingriff, um Kontakt
zu institutionalisieren, an anderen brauchte es ein radikales
staatliches Programm, das hunderttausende Leben änderte.
In einem Fall litten Beamte, in einem anderen Fall Terroristen, beide Male profitierte die ganze Gesellschaft.

In den folgenden Kapiteln reisen wir an diese Orte. So unterschiedlich die Menschen dort sein mögen, eines haben sie gemeinsam: Sie geben sich nicht damit zufrieden, Ungeheuer zu malen. Sie wählen den unbequemen, den interessanten Weg. Sie konfrontieren ihre Ängste und überraschen sich selbst. Dabei werden wir ihnen zuschauen. Aber vorher müssen wir noch einen kurzen, wichtigen Umweg gehen durch einen syrischen Folterkeller.

DIE HÖLLE

Wann die Kraft des Kontakts versagt

Die Terroristen hatten ihm die Augen verbunden, die Hände auf den Rücken gefesselt und ihn auf die Ladefläche eines Pick-ups gelegt. Er spürte den Fahrtwind im Gesicht, schmeckte den Sand in der Luft. Dann fingen sie an zu singen. «Qul as-salibija amrika qaberak bi Surija», «Sagt den Kreuzfahrern: Amerika, dein Grab ist in Syrien».

Der amerikanische Journalist Theo Padnos war im Oktober 2012 nach Syrien gekommen, um über den Krieg zu schreiben, der seit einem Jahr tobte. Kurz nachdem er die türkisch-syrische Grenze überquert hatte, verschleppten ihn islamistische Kämpfer. Jetzt lag er auf dieser Ladefläche und dachte, er werde sterben.

Als sie ihm die Augenbinde abnahmen, befand er sich in einem Kellerraum. Sieben mal vier Meter, eine Holztür, ein kleines Fenster unter der Decke, davor Sandsäcke, die kaum Licht durchließen. Alle paar Tage kamen die Wärter und schlugen ihn mit dicken Kabeln. Sie sagten: «Taqul!», «Friss!» Padnos sprach Arabisch und fand heraus, dass er der Nusra-Front, dem lokalen Arm al-Qaidas, in die Hände gefallen war. Sie hielten ihn in Aleppo fest.

Manchmal brachten sie ihn in einen Raum, den die Terroristen «ghurfa al-mut» nannten, Raum des Todes. Unter der Decke verliefen Heizungsrohre, an denen Menschen hingen, die schrien. Sie verbanden Padnos die Augen, stülpten ihm einen Reifen über die Knie und schoben einen Stab unter seinen Kniekehlen durch. Dann drehten sie ihn um, sodass sein Gesicht auf dem kalten Zement lag und seine nackten Fußsohlen nach oben zeigten. Mit Kabeln prügelten sie auf seine Füße ein. Manchmal kamen sie in seine Zelle und warfen sein Essen auf den Boden. Sie sagten: «Hier ist es dreckig! Putz den Boden mit deiner Zunge!»

Nur wenige Kilometer entfernt blickte ein anderer Amerikaner durch den Sucher seiner Kamera. Der Fotograf Matthew Schrier begleitete die Kämpfer der Freien Syrischen Armee an die Front. Nach drei Wochen hatte er Bilder geschossen, von denen er hoffte, dass sie es auf die Titelseiten großer Zeitungen schaffen würden. Auf dem Rückweg Richtung türkische Grenze stoppten Vermummte sein Taxi und nahmen ihn mit. Auch ihn sperrten sie in eine dunkle, kalte Kellerzelle. Von draußen hörte er Schreie. Er wusste nicht, dass Theo Padnos nur ein paar Räume entfernt war.

Nach einigen Tagen kamen die Terroristen mit einem Laptop zu Schrier. Er gab ihnen sein E-Mail-Passwort und seine Kreditkarten-PINs. Sie kauften für 17 000 Dollar Computer, Tablets, Mercedes-Ersatzteile und Ray-Ban-Sonnenbrillen. Nach drei Wochen holten sie ihn aus der Zelle, führten ihn auf den Flur, öffneten eine Tür und sagten: «Amriki, Amriki». Ein Amerikaner. Schrier sah, wie drinnen, im Dunkeln, jemand aufschreckte. Ein Typ mit verfilztem Bart, der erbärmlich stank.

Theo Padnos' erster Gedanke war: Jetzt habe ich einen Freund. Drei Monate lang hatte er mit niemandem gesprochen außer seinen Folterknechten. Er freute sich. In der ersten Nacht redeten sie, stundenlang.

Der Drang des Menschen, zu kommunizieren, ist so groß, dass Gefangene in Einzelhaft den Besuch ihres Wärters herbeisehnen, selbst wenn er sie misshandelt. Was für ein Glück diese beiden Männer hatten! In einem syrischen Kerker, einem Ort, so feindselig, entlegen und brutal wie wenige, begegneten sie nach Wochen voller Folter, Todesangst und Einsamkeit nicht nur einem Mitgefangenen, sondern einem Landsmann. Nicht nur einem Landsmann, sondern einem anderen Journalisten. Jetzt waren sie zu zweit – Gleichgesinnte, Genossen. Jetzt könnten sie einander zuhören, sich Mut machen, Hoffnung geben. Vielleicht sogar einen Fluchtplan schmieden. Aber schnell merkten Padnos und Schrier, dass es so einfach nicht werden würde.

Wenn jemand draußen vor der Tür vorbeiging, zuckte Padnos verängstigt zusammen. Schrier versuchte ihn zum Lachen zu bringen. Er erzählte ihm zum Beispiel diese Highschool-Geschichte, in der er mit seinem besten Freund das Notenheft des Lehrers versteckte, der daraufhin ausflippte, sie als Arschlöcher beschimpfte und einen Billardqueue auf seinem Kopf zerbrach. Das war die Stelle, an der die Leute normalerweise lachten, aber Padnos sagte nur, der Lehrer tue ihm leid, er werde eh schon schlecht bezahlt und dann müsse er sich auch noch um diese verkorksten Kinder kümmern. Und Schrier sagte: «Nein, du Idiot, der Lehrer ist das Arschloch, verstehst du das nicht!?»

Einige Tage später säuberte Padnos seine Zähne mit Sonnenblumenkernen, wie es die Araber machen. Das leise Geräusch, dieses Tiktiktik, nervte Schrier. Er sagte, er solle aufhören. Als Padnos weitermachte, ballte Schrier seine Faust und schrie ihn an, dass es schwierig für ihn werde, seine Zähne zu säubern, wenn er keine mehr habe. Eine Zeit lang redeten sie nicht miteinander.

Theo Padnos war promovierter Literaturwissenschaftler. Er las Rilke auf Deutsch, hatte lange in Paris gelebt und auch sein Russisch war ausgezeichnet. Matthew Schrier sprach außer Englisch nur noch eine Sprache: die der Straße. Er war von der Highschool geflogen und hatte mit 16 wegen eines Einbruchs zwei Monate im Gefängnis gesessen. Während Padnos als Jugendlicher Bücher las, lernte Schrier das

Gesetz des Knastes. Wenn du dich nicht wehrst, gehst du unter.

Schrier hatte sich eine Methode ausgedacht, um die Läuse in der Zelle auf möglichst saubere Art zu töten. Er nahm das Etikett von einer Trinkflasche und faltete es, dann setzte er die Läuse hinein und zerquetschte sie. Padnos zerdrückte sie stattdessen mit dem Finger auf dem Boden. Als er einmal mit den Schuhen durch den Dreck lief und dann über die Matratzen, rastete Schrier aus und schlug Padnos mit der Faust ins Gesicht.

Manchmal spielten sie Filmzitate-Raten oder 20 Fragen – das Spiel, bei dem man an eine Person denkt und der andere mit 20 Fragen herausfinden muss, an welche. Schrier konnte nicht verstehen, dass Padnos nicht mal *Say hello to my little friend* kannte. Er hatte nie Scarface gesehen, er hatte nie einen Fernseher besessen. Er kannte auch keine Rapper und keine Serienfiguren. Dafür kannte er Renaissance-Künstler und Poeten, von denen Schrier nie gehört hatte.

Im März, nach drei Monaten in der Zweier-Hölle, brachten die Terroristen einen Marokkaner in ihre Zelle, einen dicken Kerl, 120 Kilo vielleicht, einen Dschihadisten, der auf eigene Faust nach Syrien gereist war und das Misstrauen der Nusra-Leute erregt hatte. Er hatte eine Schusswunde im Bein, die nie versorgt worden war. Er hatte in den USA gelebt und sprach gut Englisch. Schrier war froh, jemanden außer Padnos zu haben, mit dem er sprechen konnte. Der Marokkaner lachte sich über die Lehrergeschichte kaputt. Sie redeten über Filme, sie teilten sich sogar eine Matratze. Padnos versuchte, sich rauszuhalten.

Am 9. Juni 2013 wurde Schrier 35 Jahre alt. Der Marokkaner gratulierte ihm, Padnos nicht. Wenige Wochen später verlegten die Terroristen sie in ein anderes Gefängnis, in die alte Kfz-Zulassungsstelle von Aleppo. Auch die neue Zelle lag im Keller. Unter der Decke, in etwa zwei Metern Höhe gab es zwei kaputte Fenster hinaus zum Hinterhof. Sie waren vergittert, aber das Mauerwerk war bröselig und einige der Gitterstäbe, halb so dick wie Bleistifte, waren locker. Eine Chance. Aber der Marokkaner würde auf keinen Fall durchpassen. Eines Tages holten ihn die Wärter ab. Er war kaum verschwunden, da fragte Schrier Padnos: «Denkst du, wir passen da durch?»

Drei Tage lang ging Padnos auf alle viere, Schrier stellte sich auf seinen Rücken und versuchte, die Stäbe aus der bröseligen Wand zu lösen. Einige waren fest verankert, aber nur an einer Seite. Er bog sie nach außen. Aus T-Shirts knüpften sie eine Leiter mit Schleifen zum Reintreten.

An einem Tag Ende Juli, es war Ramadan und die Wärter brachten das Essen frühmorgens, als es noch dunkel war, blickte Schrier durch das Fenster in den Innenhof. Es waren keine Wachen zu sehen, nur die Mauer, unterbrochen von einer Ausfahrt, dahinter die Straße, deren Stille wirkte wie eine Einladung. Kurz vor Sonnenaufgang nahm Schrier das Fenster auseinander.

Padnos räuberleiterte ihn hoch, Schrier steckte den Kopf durch das Fenster, dann die Schultern, er machte sich so schmal wie möglich, aber er blieb stecken. Padnos drückte von unten. Schrier mühte sich ab, wackelte den Oberkörper hin und her, und irgendwann war er durch. Die rostigen Stäbe hatten seine Brust blutig gekratzt. Er hockte sich draußen hin, über ihm ein weiteres Fenster. Es war offen, dahinter brannte Licht. Dort mussten die Terroristen sein.

Padnos reichte ihm seine Sneakers, ein T-Shirt und seine Mütze aus der Zelle, dann trat er in die T-Shirt-Leiter und streckte die Hand nach draußen. Schrier ergriff sie und zog. Auch Padnos blieb stecken. Schrier zog von außen, aber halbherzig, dachte Padnos. Es hatte keinen Effekt.

Stundenlang erzählen mir beide, Theo Padnos in Paris und Matt Schrier in New York, ihre Geschichten. Diese Minuten an jenem Julimorgen sind die einzige Sequenz, in der sich ihre Darstellungen fundamental widersprechen. Schrier sagt, er habe eine Minute lang versucht, Padnos rauszuziehen, aber Padnos habe nur einen Arm rausgestreckt, das habe nicht gereicht. Also habe er geflüstert: «Geh rein, zieh dein Shirt aus und komme mit beiden Armen raus.» Padnos habe genau das gemacht, er habe schon heftig geblutet. Schrier habe sein Bein gegen die Wand gestemmt und gezogen. Wie lange, wisse er nicht mehr genau, vielleicht drei, vier Minuten. Irgendwann habe er gesagt, dass er jetzt gehen und Hilfe holen würde. Und Padnos habe gesagt: «Okay.» Ohne dieses Okay habe er nicht gehen können.

Padnos sagt, Schrier habe seine Füße nicht gegen die Wand gestemmt. Deswegen habe er nicht genug Kraft gehabt. Er habe ihn, Padnos, nur an einem Arm gepackt und nur von der Seite. Das habe nicht gereicht. Dann habe Schrier gesagt: «Du schaffst es nicht, Mann.» Padnos habe geantwortet: «Doch, fast, nur noch ein bisschen.» Aber dann habe Schrier gesagt, er würde Hilfe holen, und Padnos habe aufgegeben und gemurmelt: «Okay.» Das alles habe weniger als eine Minute gedauert. Dann sei Schrier gegangen und er sei allein in der Zelle zurückgeblieben.

Ich erzähle Mechthild Wenk-Ansohn von diesen beiden Erinnerungen. Sie ist Psychotherapeutin in Berlin und arbeitet seit Jahren mit Kriegstraumatisierten. Sie erklärt mir: «Das Gedächtnis ist kein Filmapparat, das Erlebte wird bei jeder Erzählung rekonstruiert.» Gerade in lebensbedrohlichen Stresssituationen sei zum Beispiel das Zeitempfinden beeinflusst: «Kurze Momente werden dann manchmal als Ewigkeit empfunden, oder es gibt Lücken in der Wahrnehmung.» Wenn sich die Schilderungen der beiden unterscheiden, muss das also nicht heißen, dass einer lügt. Vielleicht bedeutet es bloß, dass sie die Situation anders erlebt haben. Für die beiden aber sind die Details, in denen ihre Erinnerung voneinander abweicht, existenziell. Für sie geht es um die Frage, ob Matthew Schrier alles getan hat, was er konnte, oder ob er Theo Padnos im Stich gelassen hat.

Nachdem Schrier Padnos zurückgelassen hatte, lief er eine gute halbe Stunde durch verwaiste Straßen. Es dämmerte. Dann brachten ihn Anwohner zur Freien Syrischen Armee. Er erzählte den Soldaten, woher er kam und dass Padnos noch dort war. Ob sie ihn befreien könnten? Sie lehnten ab. Das sei zu gefährlich, es sei ein Wunder, dass er entkommen sei. Am nächsten Tag fuhren sie ihn an die türkische Grenze, vorbei an der Stelle, an der er entführt worden war. Vier bewaffnete Kämpfer saßen mit ihm im Auto. An den Checkpoints hielten sie ihre Kalaschnikows aus den Fenstern und wurden durchgewinkt. Einige Tage später landete er in New York.

Abends kamen die Wärter und richteten Padnos übel zu, ließen ihn aber leben. Einige Tage bekam er nichts zu essen. Er hoffte, dass Obama die CIA schicken würde, um ihn zu retten. Er ging davon aus, dass Schrier genau erzählt hatte, wo er war. Aber zwei Wochen später brachten die Terroristen Padnos in die Wüste und sperrten ihn in einen winzigen, unfassbar heißen Raum. Monate vergingen. Irgendwann durfte er sich freier bewegen, in der Wüste hätte er nicht fliehen können. Eines Tages sagte ein Wärter: «Sie werden dich bald gehen lassen, wir brauchen das Geld.» Im August 2014, mehr als ein Jahr, nachdem Schrier geflohen war, und nach insgesamt 22 Monaten Gefangenschaft, ließen sie ihn an der Grenze zu Israel frei. Die katarische Regierung hatte ihn freigekauft.

Wenn man Theo Padnos nach seiner Gefangenschaft fragt, ist er weniger wütend auf die Terroristen als auf Matthew Schrier. Die sieben Monate mit ihm seien schlimmer gewesen als die Folter, als die Todesangst, als das Alleinsein.

*

Seltsam, oder? Die Begegnung von Padnos und Schrier erscheint doch wie aus Gordon Allports Lehrbuch. Sie waren sich so nah, wie sich zwei Menschen nur sein können, sieben Monate lang, 24 Stunden jeden Tag. Sie lernten einander so gut kennen wie kaum jemanden in ihrem Leben. Ihre Begegnung erfüllte sogar die Bedingungen, die Allport ein halbes Jahrhundert vorher formuliert hatte. Als Gefangene waren Padnos und Schrier gleichberechtigt. Sie hatten ein gemeinsames Ziel, sogar eines, das elementarer, sinnstiftender und zusammenschweißender nicht hätte sein können: Überleben und Fliehen. Und um es zu erreichen, mussten sie kooperieren. Einer musste tagelang auf allen vieren ausharren und den anderen auf seinem Rücken stehen lassen.

Müssten die beiden nach Allports Regeln nicht zu einem unzertrennlichen Team zusammenwachsen? Müssten sie sich nicht blendend verstehen, noch viel besser als die schwarzen und weißen Soldaten vor Remagen oder die Hermes und ihre Serben?

Hier scheint genau das Gegenteil geschehen zu sein. Je mehr Zeit sie miteinander verbrachten, desto mehr hassten sie sich. Widerspricht das nicht der Kontakthypothese?

Nur auf den ersten Blick. Tatsächlich ist diese Begegnung ein Paradebeispiel für ihr Funktionieren. Sie illustriert sogar einen wesentlichen, manchmal übersehenen Aspekt. Nähe führt nicht automatisch zu Sympathie. Nähe zertrümmert Stereotype. Nicht nur negative – auch positive.

So wie das Ehepaar Hermes aus dem Aussehen und der Herkunft seiner Nachbarn schloss, dass sie Feinde sein müssen, schlossen Padnos und Schrier aus dem Aussehen und der Herkunft des anderen, dass er ein Freund sein muss. Wie konnte es anders sein – ein Weißer, ein Amerikaner, ein Journalist? Wie die Hermes lagen auch Padnos und Schrier falsch. Sie hatten in Stereotypen gedacht – und sich getäuscht.

Der Zellenalltag riss dem jeweils anderen die Stereotyp-Maske brutal vom Gesicht und der Mensch, der dahinter zum Vorschein kam, war ganz anders als erwartet. Entblößt von kulturellen Zuschreibungen und reduziert auf ihre Persönlichkeiten ordnete sich die Realität in der Zelle neu: Auf einmal waren sich der Bursche von der New Yorker Straße und der Dschihadist aus Marokko ähnlicher als die beiden Amerikaner, die nicht mehr waren als phänotypische Zwillinge, wie ein Glas Wasser und ein Glas Zitronenlimo.

Es war wie bei den 27 Schülern aus Ohio, über die Gordon Allport geschrieben hatte. Zwanzig von ihnen waren zwar nach der Klassenfahrt beliebter als vorher. Vier Schüler aber waren in derselben Zeit unbeliebter geworden. So wie die anderen negativ vorverurteilt worden waren, waren sie positiv vorverurteilt worden. Genau wie Padnos und Schrier.

Wir dürfen also eines nicht missverstehen: Kontakt führt nicht immer zu Sympathie. Viel Kontakt in einer Gesellschaft führt deswegen auch nicht zu einer Friede-Freude-Eierkuchen-Welt. So einfach ist es leider nicht. Manchmal sorgt der Kontakt sogar für neue Konflikte wie dem zwischen Padnos und Schrier. Ihre Welt wäre friedlicher gewesen, wenn sie die Umstände nicht in Kontakt gebracht hätten und sie weiter in ihrem positiven Stereotyp vom anderen hätten verharren dürfen.

Eine Gesellschaft, die Kontakt zwischen Andersdenkenden institutionalisiert, müsste also weiterhin Konflikte in Kauf nehmen, allerdings nur solche, die auf tatsächlichen Unterschieden beruhen und nicht auf eingebildeten. Jetzt könnte man einwenden: Eingebildet oder tatsächlich, ist doch egal, Konflikt ist Konflikt, Hass ist Hass. Nein, ist es nicht. Denn Konflikte, die auf tatsächlichen Unterschieden beruhen, sind deutlich seltener.

Die Psychologin Mechthild Wenk-Ansohn sagt, eine Dynamik wie die zwischen Padnos und Schrier sei ihr in 21 Dienstjahren noch nicht begegnet. Eigentlich stünden Häftlinge in Extremsituationen einander bei, sogar über tiefe ideologische Gräben hinweg, Kurden hülfen Türken, Sunniten hülfen Schiiten. Padnos und Schrier sind die Ausnahme.

Nicht anders ist es bei der Klasse aus Ohio. Zwanzig Schüler wurden beliebter, nur vier unbeliebter. Es verschwanden mehr alte Konflikte als neue entstanden. Unterm Strich war das Ergebnis positiv.

Außerdem haben tatsachenbasierte Konflikte einen grundsätzlichen Vorteil: Sie richten sich gegen ein Individuum. Gegen den Nachbarn, der seinen Rasen nicht gemäht hat. Gegen den Ehepartner, der fremdgeht. Gegen den Mitgefangenen, der seine Zähne zu laut reinigt. Nicht gegen alle Nachbarn. Nicht gegen alle Ehepartner. Nicht gegen Mitgefangene als solche. Tatsachenbasierte Konflikte suchen die Kleinheit.

Bei vorurteilsbasierten Konflikten ist das anders: Araber können keine Demokratie, Männer sind Schlampen, Juden kann man nicht vertrauen – egal, ob das Vorurteil als Rassismus, Sexismus oder Antisemitismus auftritt, immer suchen diese Konflikte die Größe, die Masse, sie streben nach außen wie Supernovas – und weiten sich aus auf viele Unbeteiligte.

In einer Kontakt-Gesellschaft gäbe es also weiterhin Konflikte, aber insgesamt wäre sie doch friedlicher. Ruhiger. Aufgeräumter.

Wie kann man das, was mit drei Häftlingen in einer Zelle und 27 Schülern auf einer Klassenfahrt funktionierte, für 83 Millionen Deutsche hinkriegen? Oder für 330 Millionen Amerikaner? Man kann ja nicht ganze Völker auf Klassenfahrt schicken.

Wollte ein Deutscher mit jedem seiner Mitbürger in Kontakt treten und, sagen wir, eine Stunde lang sprechen, müsste er fast zehn Jahre reden, nonstop. Er würde nicht mehr schlafen, nicht mehr arbeiten, nicht mehr lesen, und wenn er nach zehn Jahren fertig wäre, hätte er noch mit keinem einzigen «Ausländer» oder «Flüchtling» oder sonst jemandem aus anderen häufig vorverurteilten Gruppen gesprochen.

Jetzt sagen Sie vielleicht: Man muss ja nicht jeden treffen.

Harald Hermes hat ja auch nur eine Roma-Familie kennengelernt. Träfe er auch noch einen Oberbayern und eine Niederlausitzerin, einen Frankfurter vom Main und einen von der Oder, einen Schwaben, einen Schalker, einen Schwulen, eine Muslima, eine Jüdin, einen Straßenkehrer, eine Investmentbankerin, einen Katzennarr und eine Hundehasserin, also lauter Repräsentanten, die seine Vorurteile der jeweiligen Gruppe gegenüber zurechtrücken würden, würden dann nicht auch seine Vorurteile gegen null streben?

Das ist das Problem. Würden sie nicht. Denn viele Menschen sind ziemlich hartnäckig, wenn es darum geht, recht zu behalten. Harald Hermes ist da keine Ausnahme.

*

Als ich Christa und Harald Hermes in ihrem Wohnzimmer interviewe, erzählen sie stundenlang davon, wie ihnen das Herz aufgegangen ist gegenüber «ihren Serben» und wie wenig sie die Nachbarn verstehen, die einfach bei ihrem Vorurteil bleiben, obwohl sie, die Hermes, ihnen immer wieder sagen, dass es nicht stimmt. Harald Hermes, dieser raubeinige Mann, hat so zärtlich von seinen Nachbarn gesprochen, dass ich seine Antwort nicht fassen kann, als ich am Ende des Gesprächs frage, wie sehr sich das Roma-Bild, mit dem er aufgewachsen ist, verändert habe. Er schaut mich verblüfft an und sagt, seine Meinung über Roma sei noch dieselbe. Nur sage er heute nicht mehr Zigeuner.

Harald Hermes hält Roma immer noch für gefährlich und betrügerisch. Ob das nicht der Begegnung mit ihren Nachbarn widerspreche, frage ich und er sagt, nein, sie hätten einfach Glück gehabt, dass sie mit «ihren Serben» an die *richtigen* Roma geraten seien. Die Hermes haben also tatsächlich ihre Meinung geändert, aber nur über die sechs Personen, die über ihnen wohnten, und nicht über die Gruppe, der sie angehören.

Diese Gedankenfigur beobachten Sozialpsychologen immer wieder. Weil Menschen ihre Vorurteile nicht gern aufgeben, erklären sie störende Informationen häufig zur Ausnahme. Harald Hermes findet Roma immer noch nicht gut, aber «ihre Serben» sind spitze. Der Neonazi Sven Krüger mag Afrikaner immer noch nicht, aber sein Jagdpartner Haruendo ist super. So wird das Weltbild zwar ein bisschen nuancierter, bleibt aber in seiner Falschheit weitgehend intakt.

Ich kann das verstehen. Oft teilen unsere Freunde ja nicht nur unsere Meinungen, sondern auch unsere Vorurteile. Das schweißt zusammen. Nehmen wir zum Beispiel Sven Krüger. Seine Nachbarn sind Nazis, seine Freunde sind Nazis, die Mitarbeiter in seinem Abrissunternehmen sind Nazis. Sein Sozialleben basiert auf rassistischen Vorurteilen. Würde er plötzlich behaupten, dass Afrikaner doch nicht minderwertig seien, müsste er sich ständig rechtfertigen. Seine Nachbarn, Freunde und Kollegen würden fragen: Hast du sie noch alle? Wo vorher bequeme Einigkeit herrschte, wäre jetzt Streit. Vorurteile abzulegen, macht das Leben komplizierter.

Wenn aber ein Mitglied einer vorverurteilten Gruppe nicht reicht, um eine Meinung über die Gesamtgruppe zu verändern, und ein Mensch nicht alle seine Mitmenschen treffen kann, wie soll es dann gehen? Wie könnte man Harald Hermes oder Sven Krüger doch noch dazu bringen, ihre Vorurteile ganz abzulegen?

Entweder sie träfen so viele Angehörige einer Gruppe, dass sie sie nicht mehr zur Ausnahme erklären können. So wie Gerold Huber, neben dessen Bauernhof gleich zweitausend Flüchtlinge einzogen. Oder sie träfen doch nur einen Menschen, aber einen ganz besonderen, einen, der vermag, was die Roma-Familie und Haruendo nicht vermochten. Für beide Varianten wird es in diesem Buch Beispiele geben.

Aber es gibt noch eine dritte Möglichkeit, eine Form des institutionalisierten Kontakts, die man gar nicht neu erfinden müsste, sondern nur reparieren. Es gibt sie nämlich schon lange, nur scheint sie nicht richtig zu funktionieren. Massengesellschaften haben schon früh Institutionen geschaffen, die Harald Hermes die Last abnehmen sollen, nach Bayern zu reisen, nach Schwaben, Sachsen oder Berlin. Deren Aufgabe es ist, diese Orte und ihre Menschen zu ihm zu bringen, nach Hamburg-Lokstedt. Diese Institutionen sind: die Medien.

DER WETTLAUF

Warum Medien es manchmal noch
schlimmer machen

Die Kölner Silvesternacht liegt keine zwei Monate zurück, da schlendern drei Freundinnen, 15, 16 und 17 Jahre alt, durch das Kieler Einkaufszentrum Sophienhof. Sie setzen sich an einen Tisch des italienischen Schnellrestaurants *Ciao Bella*, als einige Männer mit Migrationshintergrund anfangen, sie zu belästigen. Die Männer machen anzügliche Gesten, filmen die Mädchen mit ihren Handys und verbreiten die Aufnahmen in sozialen Medien. So werden 20 bis 30 weitere Männer angelockt, alle mit Migrationshintergrund, die die Mädchen ebenfalls belästigen. Die Mädchen rennen weg, aber die Männer verfolgen sie. Dann kommt, von einem Passanten verständigt, die Polizei und nimmt einige der Täter fest. Es ist Donnerstagabend, 19.51 Uhr.

Wie jede gute Zeitung beschäftigen die Kieler Nachrichten Reporter, die schnell mitbekommen, wenn in ihrer Stadt etwas passiert. Schon am nächsten Morgen, Freitag, 10.15 Uhr, veröffentlicht die Redaktion einen Artikel auf ihrer Website: «Massenbelästigung in Kiel».

Wenige Minuten später berichtet die Nachrichtenagentur dpa.

Um 14.20 Uhr titelt Bild Online: «An diesem Pizzastand begann der Kieler Mob».

Um 15.45 Uhr tritt, aufgerüttelt von den Berichten, Schleswig-Holsteins Innenminister Stefan Studt vor einen Wald aus Mikrofonen und sagt: «Vorfälle solcher Art sind nicht akzeptabel.»

Um 16.21 Uhr schreibt Spiegel Online: «Männergruppe belästigt Mädchen in Einkaufszentrum».

Um 17.40 Uhr informiert die Zeitung Daily Mail ihre Leser in Großbritannien über den Vorfall in Kiel.

Um 17.50 Uhr twittert der User @achimasche: «Das ist nicht mehr mein Land! #sophienhof»

Um 19.01 Uhr fordert der FDP-Politiker Wolfgang Kubicki in den Kieler Nachrichten eine harte Reaktion des Rechtsstaates und erklärt: «Junge Männer, die längere Zeit zusammengepfercht sind und wenig zu tun haben, neigen dazu, übergriffig zu werden.»

Um 19.49 Uhr twittert @nohmixx: «Macht bloß die Grenzen dicht und schmeißt die kriminellen Migranten aus Deutschland #Merkel #Sophienhof»

Um 19.51 Uhr schreibt stern.de: «Bis zu 30 Männer jagen Mädchen durch Einkaufszentrum».

Um 20.08 Uhr informiert Judith Rakers vor Tagesschaublau Millionen Deutsche: «In einem Kieler Einkaufszentrum sind drei junge Frauen von mehreren Männern mit Migrationshintergrund massiv belästigt worden.»

Um 00.12 Uhr twittert @klingeldraht: «Wann wird dieses Pack endlich zum Schutz der einheimischen Bevölkerung in Lagern interniert?! #sophienhof»

Um 02.13 Uhr unterrichtet Fox News auch die Amerikaner: «Group of foreign men harasses girls in Germany».

Innerhalb eines Tages rauscht der Fall Sophienhof durchs Land und hinaus in die Welt, hinein in die Köpfe von Millionen Menschen. Auch ich lese die Nachricht und wie wahrscheinlich viele andere bin ich geschockt. Einige Wochen später schickt mich der NDR, für den ich damals arbeite, nach Kiel, um die Hintergründe zu recherchieren. Danach bin ich immer noch geschockt, aber nicht mehr über das, was im Sophienhof passierte, sondern über das, was anschließend in den Redaktionen geschehen ist.

Denn in der Zwischenzeit hat sich herausgestellt: Die Nachricht stimmte nicht.

Das war wirklich passiert: Die drei Mädchen saßen am Tisch, während zwei afghanische Flüchtlinge, beide 17 Jahre alt, vorbeikamen, stehenblieben und begannen, herüberzu-lächeln. Die Mädchen fanden das unangebracht. Die Jungs sagten etwas in einer fremden Sprache. Die Mädchen sagten, sie sollten sie in Ruhe lassen. Einer der Jungs warf Luftküsse herüber. Das ging eine ganze Weile so. Andere Männer, die vorbeikamen oder an anderen Tischen des Restaurants sa-ßen, begannen die Szene zu beobachten, belästigten die Mäd-chen aber nicht. Zwei der Mädchen gingen raus, um eine zu rauchen. Sie wurden nicht verfolgt. Dann kamen sie zurück zu ihrer Freundin, die sitzen geblieben war. Die beiden Af-ghanen waren immer noch da, schauten manchmal herüber und lachten provokant. Ein Beobachter rief die Polizei.

Es hatte keine Jagdszenen gegeben. Es wurde nicht gefilmt und nichts in sozialen Medien verbreitet. Es hatte auch kei-nen Männermob gegeben. Nur zwei halbstarke Teenager, die sich danebenbenommen hatten. Die Mädchen hatten in ihrer Aussage gegenüber der Polizei übertrieben.

Gelogen hätten sie nicht, sagt eine von ihnen, als ich sie später danach frage. Aber sie gibt zu, dass ihre Anschuldi-gungen, festgehalten in ihrer Zeugenaussage gegenüber der Polizei, teilweise falsch waren. Wahrscheinlich reagierten die Mädchen damals auf eine unangenehme Situation emo-tional und bildeten sich inmitten der Aufregung etwas ein. Zumal sie, so viel wird im Interview klar, nicht ganz vorur-teilsfrei auf Ausländer blickten, um es vorsichtig auszudrü-cken.

Wichtiger als der Ursprung der Falschaussage ist aber ihre Folge: Wahrscheinlich kommen ähnliche Situationen jeden Tag auf deutschen Schulhöfen vor. Aber in diesem Fall schaffte es die falsche Schilderung dreier Teenager in Millio-nen Köpfe, vorbei am journalistischen Filter, der dafür da ist, genau das zu verhindern. Wie konnte das passieren?

So wie Ärzte dafür sorgen, dass die Menschen in einer Gesellschaft gesund sind, und Polizisten dafür, dass sie sicher sind, übernehmen auch Journalisten einen Dienst an der Allgemeinheit. Sie informieren die Menschen darüber, was in ihrem Land los ist. Nicht nur darüber, dass der Bundestag ein Gesetz beschlossen hat oder der FC Bayern München wieder Deutscher Meister geworden ist. Nein, ihre Aufgabe ist viel grundsätzlicher.

Ich war zum Beispiel noch nie auf Rügen. Trotzdem habe ich ein Bild der Kreidefelsen im Kopf. Ich saß auch noch nie an einem Stammtisch von Kohle-Kumpels im Ruhrgebiet und höre trotzdem ihre derben, pilsgetränkten Sprüche. Ich muss mal eine Reportage gesehen haben. Wahrscheinlich könnten Sie mir sagen, was Sie von den Sachsen halten, was Sie an Bayern nervt und ob Sie Sylt reizen würde, auch wenn Sie noch nie da waren. Vielleicht hat Ihnen eine Freundin etwas erzählt, oder Sie haben ein Foto bei Instagram gesehen, aber häufig hat sich das Bild in Ihrem Kopf geformt, als Sie fernsahen, Radio hörten, einen Artikel oder ein Buch lasen. Häufig hat ein Journalist dieses Bild geschaffen.

Genau da liegt die Verantwortung von Journalisten: Sie müssen dafür sorgen, dass die Bilder, die sie erzeugen, möglichst deckungsgleich mit der Realität sind, möglichst wahr. Dabei gibt es ein Problem.

Journalisten sind Menschen und Menschen denken von Natur aus in Kategorien, in Stereotypen. Die Evolution hat das tief in uns verankert. Auf einem Dschungelpfad erschrecken wir uns vor etwas Langem, Gewundenem, weil unser Hirn in einer Millisekunde warnt: lang und gewunden gleich Schlange gleich gefährlich. Wenn wir in einer fremden Stadt eine Bar suchen, fragen wir keine Oma nach dem Weg, sondern einen jungen Menschen, weil wir annehmen, dass Omas nicht in Bars gehen, junge Menschen aber schon.

Erst mal hat das etwas Gutes. Das Erschrecken im Dschungel hat in der Menschheitsgeschichte viele Leben gerettet. Das Ignorieren von Omas spart Partygängern (wahrscheinlich) viel Zeit. Was aber, wenn das gewundene Etwas im Dschungel keine Schlange, sondern ein Stück Liane war? Wenn die Oma jede Bar in der Nachbarschaft kennt, der junge Mensch aber keine einzige? Dann haben uns unsere Stereotype zu einem Fehlurteil verleitet. In diesen Fällen ist das nicht so schlimm. Im Dschungel erschreckt man lieber einmal zu viel als nie wieder. Und wenn der junge Mensch keine Ahnung hat, fragen wir halt den nächsten.

Aber in anderen Lebensbereichen funktioniert unser Denken genauso: Rosa – Mädchen. Blau – Junge. Kevin – Unterschicht. Bulliger Typ mit Glatze – Nazi. Hier sind Fehlurteile schon nicht mehr so harmlos. Wie fühlt sich die Mutter eines neugeborenen Mädchens, wenn wir es in der männlichen Form ansprechen, nur weil es blau trägt? Was ist mit dem Klaviertalent Kevin? Oder dem linken Glatzenträger?

Natürlich wäre es schön, wenn alle Menschen ihre Stereotype bei jeder Begegnung überprüfen würden, um solche Missverständnisse zu vermeiden. Aber das wäre viel verlangt. Wir Journalisten haben keine Wahl.

An Journalistenschulen lernen wir, dass es unser Job ist, zu recherchieren, bevor wir berichten. Dass wir professionelle Vorurteilsvernichter sein sollen. Recherche – das heißt in der Regel nichts anderes als: Kontakt. Vereinfacht gesagt, reden wir mit den Leuten, über die wir berichten, und fragen, wer sie sind oder was sie denken. Stellvertretend für unsere Leser, Hörer und Zuschauer zerstören wir unsere Vorurteile.

Vor einigen Jahren fuhr ich zum Beispiel in die USA, um einen Mann zu interviewen, der Menschen nach ihrem Tod einfriert, in der Hoffnung, dass Wissenschaftler sie in Zukunft wiederbeleben werden. Seine Kunden zahlen dafür zu Lebzeiten 28 000 Dollar und ich dachte: Der hat einen Weg gefunden, mit dem menschlichen Traum von der Unsterblichkeit Geld zu verdienen. Aber dann sah ich, dass er unbezahlt durchs Land fuhr, dass er auf durchgesessenen Sofas übernachtete, er zeigte mir sogar die Geschäftsbücher. Ich merkte: Dem geht's nicht ums Geld. Das ist ein Wissenschaftsgläubiger. Wäre ich nicht hingefahren, hätte ich einen anderen Artikel geschrieben.

Oder, anderes Beispiel, auf einer Legida-Demo in Leipzig sah ich einen Mann mit bösem Blick und riesiger Deutschland-Fahne. Ich dachte: stramm rechts, vielleicht Nazi. Aber dann erzählte er, er habe bei vier Wahlen vier verschiedene Parteien gewählt und immer dieselbe Politik bekommen. Er war kein Nazi, nicht mal besonders rechts. Seither denke ich immer an ihn, wenn ich das Wort «Wutbürger» höre.

Für Reporter ist jeder Widerspruch ein Fortschritt. Jedes Obwohl, jedes Trotzdem, jedes Aber bringt einen der Wahrheit einen Schritt näher. Dieses Nachjustieren des eigenen Weltbildes – das ist für mich der Kern meines Berufes. Aber in diese Situation komme ich nur, wenn ich mich meinem Berichtsgegenstand aussetze.

Im journalistischen Alltag stelle ich mir diesen Prozess als Recherche-Treppe vor. Am Anfang stehe ich ganz unten. Ich hatte noch keinen Kontakt zu demjenigen, über den ich schreibe. Mein Bild ist von Stereotypen geprägt. Wenn ich mit der Person e-maile, erste Treppenstufe, ändert sich das ein bisschen. Wenn ich mit ihr telefoniere, zweite Stufe, also ihre Stimme höre und mit ihr spreche, drängt die Realität meine Vorurteile weiter zurück (manchmal werden sie auch bestätigt und aus Vorurteilen werden Fakten). Wenn ich die Person persönlich treffe, wenn möglich einige Tage, dritte Stufe, ist bestenfalls nicht viel von den Vorurteilen übrig. Am Ende bleibt die Wahrheit immer unerreichbar, aber das Ziel muss sein: so nah wie möglich ran, so weit wie möglich rauf auf der Treppe. Das kostet Geld, Geduld, Energie. Vor allem aber – Zeit.

*

Als der Reporter der Kieler Nachrichten vom Vorfall im Sophienhof hörte, rief er bei der Polizei an. Es war kurz vor zehn Uhr am Freitagmorgen und im Revier in der Gartenstraße hatte Pressesprecher Oliver Pohl gerade ein Interview mit dem ZDF beendet, als sein Handy klingelte. Er ging ran. Am Morgen hatte er einen kurzen Bericht über den Sophienhof-Vorfall vom Vorabend gelesen, nicht mehr als eine Zusammenfassung der Aussage der drei Mädchen. Er bestätigte dem Reporter, was der gehört hatte. Das sei auch sein Stand. Dann fügte Pohl hinzu, so erinnert er sich, dass noch keine Zeit gewesen sei, das zu prüfen.

Der Reporter hätte das jetzt selbst machen können. Er hätte die Mädchen suchen können. Oder einige der mutmaßlichen Täter, es sollten ja bis zu 30 gewesen sein. Oder, das wäre vielleicht die einfachste Lösung gewesen, er hätte die Redaktion verlassen und die 750 Meter die Andreas-Gayk-Straße runter zum Sophienhof gehen können. Dort hätte er die Rolltreppe in den ersten Stock nehmen und mit Augenzeugen sprechen können, zum Beispiel im Restaurant *Ciao Bella*. Stattdessen schrieb er schnell einen Artikel über das, was er zu wissen glaubte, und setzte so die Falschmeldung in die Welt. Er blieb unten an der Recherche-Treppe stehen. Warum, weiß ich nicht. Der Reporter ließ mehrere Interview-Anfragen für dieses Buch unbeantwortet.

Nachdem sein Artikel auf der Website der Kieler Nachrichten erschienen war, klingelten bei Oliver Pohl in der Polizei-Pressestelle die Telefone. Journalisten aus dem ganzen Land wollten wissen, was los war. Pohl und seine Kollegen wurden nervös. Eigentlich wussten sie immer noch nicht mehr, aber weil seit einigen Monaten Rechtspopulisten der Polizei vorwarfen, Taten von Flüchtlingen zu verschweigen, waren die Dienststellen in Schleswig-Holstein angehalten, «Vorfälle mit Flüchtlingsbezug pro-aktiv zu veröffentlichen», sagt er. Es solle ja niemand behaupten können, man würde etwas verschweigen.

Pohl stellte eine Kollegin ab, um die Anrufe entgegenzunehmen, und zog sich in ein ruhiges Büro zurück, um eine Pressemitteilung zu schreiben. Um 12.41 Uhr stellte er sie auf die Website der Polizei. Darin hieß es ohne eine Spur des Zweifels: «Drei junge Frauen massiv belästigt». Ein schwerer Fehler, den Pohl später eingeräumt hat. Aber eigentlich hätte der nicht folgenreich sein sollen, denn kaum jemand liest solche Pressemitteilungen. Außer Journalisten. Und deren Regelwerk sagt: Eine Quelle, in diesem Fall die Polizei, reicht nicht für eine Veröffentlichung.

Die Journalisten, die diese Meldung lasen, hätten – genau wie ihr Kollege der Kieler Nachrichten am Morgen – recherchieren müssen. Wie er haben es viele nicht getan. Viele von ihnen hätten es schwerer gehabt, weil sie nicht in Kiel arbeiten. Aber sie hätten bei *Ciao Bella* anrufen können. Dort wäre vielleicht die Angestellte Qendresa Bytyqi rangegangen, die am Vorabend alles mitangesehen hat. Sie hätte wahrscheinlich gesagt, so wie sie es mir später sagte, dass es in ihren Augen keine Belästigung gewesen sei. Aber viele Reporter veröffentlichten einfach so. Einige verschärften den Inhalt der Polizeimeldung sogar noch. Bild.de schrieb von einem «Mob», stern.de von «Jagdszenen». Beide Wörter hatte Pressesprecher Oliver Pohl nicht benutzt.

Neulich erzählte mir eine Freundin, die in einer großen Online-Redaktion arbeitet, es sei normal, dass sie fünf bis sieben Artikel am Tag veröffentliche. Die Quellen sind häufig Agenturmeldungen oder Pressemitteilungen wie jene der Kieler Polizei. Ich fragte sie, für wie viele dieser Artikel sie zum Telefon greife, um zu recherchieren. Vielleicht bei einem. Wen sie dann anrufe? Meistens einen Kollegen, der besser im Thema sei. «Das heißt also», fragte ich, «du sprichst nahezu nie mit den Menschen, die in den Artikeln vorkommen, die du veröffentlichst?» Nein, dafür sei keine Zeit.

Das ist kein Problem einer einzelnen Redaktion, schon gar nicht das einer einzelnen Journalistin. Die Gesetze der digitalen Welt haben den tagesaktuellen Journalismus von einst zu einem minutenaktuellen beschleunigt. Der Wettstreit, das Schneller-sein-Wollen, das Rennen um die erste Push-Meldung, lässt oft nur ein Mindestmaß an Recherche zu und manchmal schrumpft das zu einer Plausibilitätsprüfung des zuständigen Redakteurs, was im Fall Sophienhof die Frage bedeutete: Kann ich mir vorstellen, dass es so war? Na ja, Köln ist noch nicht lange her, das Land debattiert über kriminelle Flüchtlinge, da passt das gut ins Bild. Und die Polizei wird's schon wissen.

Was wäre gewesen, wenn die Meldung nicht gelautet hätte: 30 Männer mit Migrationshintergrund belästigen drei Mädchen, sondern: 30 Mädchen belästigen drei Männer mit Migrationshintergrund? Ich wette, jeder Journalist hätte gedacht: Moment mal, das muss ich überprüfen, völlig egal, was die Polizei sagt. Er hätte recherchiert, weil die Meldung seinem Stereotyp widersprochen hätte.

Jeden Tag erscheinen hunderte Artikel, ohne dass vorher genug Zeit war für direkten Kontakt zum Berichterstattungsgegenstand, also hunderte Artikel, die zum Teil auf Stereotypen basieren.

Im Jahr 2015 berichteten viele große Medien, dass Schlepper in Nordafrika Flüchtlinge auf sogenannte Geisterschiffe pferchten, auf denen sie den Autopilot Richtung italienische Küste einstellten, bevor sie selbst das Schiff verließen. Die Meldung stimmte nicht. Die Crew war immer an Bord gewesen.

Im Jahr 2016 berichteten Medien von rechtsfreien Räumen in Berlin, weil angeblich eine arabische Großfamilie in der Soldiner Straße auf Polizisten losgegangen war. Auch das stimmte nicht. (Was nicht heißt, dass es solche rechtsfreien Räume nicht gibt.)

Im Jahr 2018 wurde in Berlin ein Kippaträger mit einem Gürtel angegriffen und viele Medien schrieben über das jüdische Opfer, das sich später als Atheist mit palästinensischen Wurzeln herausstellte.

In allen drei Fällen passte die Meldung zum Vorurteil: Schlepper – skrupellos. Arabische Großfamilien – machen ihre eigenen Gesetze. Ein Mann mit Kippa – Jude. Auch wenn das in anderen Fällen stimmen mag, in diesen Fällen war es falsch. Und wäre zu klären gewesen mit einem Besuch vor Ort. Alle drei Irrtümer wurden zumindest von einigen Medien später korrigiert, aber verglichen mit der Flut an Berichten, die die Ursprungsmeldung generiert hatten, gingen diese Klarstellungen unter.

Damit ich nicht falsch verstanden werde: In Deutschland wird jeden Tag herausragender Journalismus produziert – einfühlsame Reportagen, tiefschürfende Investigationen, tolle Filme und Radiodokumentationen, die zur Wahrheitsfindung in der Gesellschaft beitragen. Der deutsche Spitzenjournalismus ist so hochwertig, dass Kollegen im Ausland manchmal neidisch werden.

Aber entscheidender als die Frage nach den Besten, nach den Leuchttürmen und Preisgekrönten, ist die nach dem Durchschnitt, nach dem Gesamtbild. Und in das fließen auch die Sophienhof-Berichte ein. Wenn man also alle Veröffentlichungen gedanklich aufaddiert: Wie deckungsgleich ist das Bild, das sie in den Köpfen der Menschen von der Welt erzeugen, mit der Realität?

Wenn Sie mögen, beantworten Sie mal diese sechs Schätzfragen.

1. Wie viel Prozent der Menschen in Deutschland sind Muslime?

2. Wie viel Prozent der Menschen in Deutschland sagen, dass sie insgesamt sehr glücklich oder eher glücklich sind?

3. Wie viel Prozent der Mädchen oder Frauen zwischen 15 und 19 Jahren in Deutschland bringen ein Kind zur Welt?

4. Wie viel Prozent der Menschen in Deutschland sagen, dass sie Homosexualität für moralisch unakzeptabel halten?

5. Wie groß ist der Anteil von Migranten an der deutschen Bevölkerung?

6. Wie viel Prozent der Menschen in Deutschland sagen, dass sie Abtreibungen für moralisch inakzeptabel halten?

Diese Fragen sind Teil eines Fragenkatalogs, den das Institut Ipsos MORI fast 30 000 Menschen in 40 Ländern gestellt hat, unter anderem in Deutschland.[14] Die Antworten glichen sie mit den realen Zahlen ab. Je größer die Differenz, so die Forscher, desto verzerrter die Wahrnehmung der Menschen – und desto schlechter die Nachricht für die redaktionellen Medien, weil sie diese Wahrnehmung maßgeblich mitbestimmen (ebenso wie die sozialen Medien, deren Anteil an dieser Wahrnehmung wachsen dürfte). Je größer die Differenz, desto mehr Vorurteile haben es durch den journalistischen Filter geschafft. Hier sind die Ergebnisse. Im Durchschnitt meinen die Deutschen, dass …

… 21 Prozent der Bevölkerung Muslime sind. In Wahrheit sind es: 5 Prozent.

… 45 Prozent ihrer Mitbürger von sich sagen, sie seien glücklich. Es sind: 84 Prozent.

… 16 Prozent der weiblichen Teenager ein Kind bekommen. Es sind: 0,6 Prozent.

… 33 Prozent ihrer Mitbürger Homosexualität für moralisch unakzeptabel halten. Es sind: 8 Prozent.

… 26 Prozent der Bevölkerung Migranten seien. Es sind: 12 Prozent.

… 43 Prozent der Bevölkerung Abtreibung für moralisch unakzeptabel halten. Es sind: 19 Prozent.

Als Zwischenergebnis ist das nicht ermutigend, finde ich. Probieren wir es mit einem zweiten Test. Wie sehen die Deutschen nicht ihr eigenes Land, sondern die Welt? Diesmal gibt es drei Antwortmöglichkeiten zur Auswahl. Wenn Sie mögen, kreuzen Sie an.

1. Wie viele Mädchen beenden die Grundschule in Ländern mit niedrigem Einkommen?
20 Prozent
40 Prozent
60 Prozent

2. Wie hat sich der Anteil der Weltbevölkerung, der in extremer Armut lebt, in den vergangenen 20 Jahren entwickelt?
Fast verdoppelt
Ungefähr gleich geblieben
Fast halbiert

3. Wie hoch ist die Lebenserwartung weltweit?
50 Jahre
60 Jahre
70 Jahre

4. Derzeit leben weltweit 2 Milliarden Kinder zwischen 0 und 15 Jahren. Wie viele werden es laut Vereinten Nationen im Jahr 2100 sein?
4 Milliarden
3 Milliarden
2 Milliarden

5. Wie viele Kinder im Alter von einem Jahr sind heute weltweit gegen mindestens eine Krankheit geimpft?
20 Prozent
50 Prozent
80 Prozent

6. Weltweit haben Männer im Alter von 30 Jahren durchschnittlich zehn Jahre Schulbildung. Wie viele Jahre sind es bei gleichaltrigen Frauen?
9 Jahre
6 Jahre
3 Jahre

7. Wie viele Menschen weltweit haben Zugang zu Elektrizität?
20 Prozent
50 Prozent
80 Prozent

Diese Fragen stammen aus dem sogenannten Gapminder-Test des schwedischen Mediziners Hans Rosling.[15] Er hat sie in den vergangenen Jahren zehntausenden Menschen auf der ganzen Welt gestellt, unter anderem in Deutschland.

Die richtigen Antworten sind:

1. 60 Prozent.
2. Fast halbiert.
3. 70 Jahre.
4. 2 Milliarden.
5. 80 Prozent.
6. 9 Jahre.
7. 80 Prozent.

Lagen Sie manchmal daneben? Sogar oft? Keine Sorge, Sie sind in guter Gesellschaft. Nehmen wir Frage zwei. Der Anteil der Menschen in extremer Armut hat sich in den vergangenen zwanzig Jahren weltweit fast halbiert. Rosling betrachtet das als revolutionäre, vielleicht gar als die wichtigste Entwicklung auf der Welt seit dem Zweiten Weltkrieg. Wie viele Menschen in Deutschland beantworteten diese Frage richtig? Sechs Prozent.

Oder Frage fünf. 80 Prozent aller Kinder weltweit sind geimpft. Auch hier antworten nur sechs Prozent der Deutschen richtig.

Roslings Test besteht insgesamt aus zwölf Fragen. Im Jahr 2017 beantworteten sie weltweit 12 000 Menschen. Kein einziger wusste alle Antworten. Einer – ein Schwede – wusste elf. Fast jeder Sechste hatte null Punkte. Im Durchschnitt beantworteten die Menschen zwei Aufgaben richtig. Zwei von zwölf. Das ist eine Quote von nicht mal 17 Prozent.

Selbst Schimpansen würden besser abschneiden, schreibt Rosling, wenn man zum Beispiel drei Bananen in einen Affenkäfig schmisse, eine mit A, eine mit B und eine mit C beschrifte und dann notiere, welche Banane der Affe zuerst nimmt. Natürlich hat der Affe keine Ahnung, aber manchmal würde er einen Zufallstreffer landen. Würde man den Versuch lang genug wiederholen, hätte er, um genau zu sein, eine Trefferrate von 33 Prozent.

Wir Menschen schneiden schlechter ab. Nicht nur wir Deutschen. Egal, in welchem Land Rosling den Test gemacht hat, die Affen gewinnen immer. Also fragte Rosling gezielt Leute, die aufgrund ihres Berufes viel über die Welt wissen müssten: Wissenschaftlerinnen, Journalisten, Staats- und Regierungschefs, Unternehmerinnen, sogar Nobelpreisträger. Wieder gewannen die Schimpansen.

Rosling hat damit gezeigt, dass wir die Welt nicht nur *zufällig* falsch wahrnehmen, weil wir nicht genug über sie wissen wie die Schimpansen. Nein, wir nehmen sie *systematisch* falsch wahr. Wir meinen, viel zu wissen, liegen aber daneben. Und zwar immer in dieselbe Richtung. Wir sehen die Welt zu negativ – viel zu negativ.

Wir überschätzen die Zahl der Armen und unterschätzen die Bildung der Frauen. Es haben mehr Leute Strom und weniger Leute Aids, als wir denken. In Deutschland übersehen wir mal eben 32 Millionen Glückliche und bilden uns 18 Millionen Homophobe ein. Rosling hat ein sehr lesenswertes

Buch über diese Phänomene und ihre Erklärungen geschrieben. Es heißt «Factfulness»[16] und darin wirft er den Medien eine Mitschuld an dieser Negativverschiebung in unserer Wahrnehmung vor. Ein Grund, den auch er identifiziert: Zeitdruck.

Rosling beschreibt, wie er im Oktober 1975 als junger Arzt in einem schwedischen Krankenhaus arbeitete. Ein verletzter Pilot wurde eingeliefert, dessen Flugzeug abgestürzt war. Der Mann wurde auf einem Krankenbett in großer Eile zu ihm hereingerollt. Er trug eine dunkelgrüne Militäruniform und eine Rettungsweste in Camouflage. Seine Arme und Beine zuckten. Rosling streifte die Weste ab und ließ sie auf den Boden fallen. Er wollte gerade den Overall aufschneiden, als er das Blut auf dem Boden bemerkte. Sehr viel Blut.

Er fragte den Patienten: «Wo tut es weh?» Der antwortete: «Yahze shisha ... na adjezhizha zha ...» Es klang Russisch. Das musste ein sowjetischer Kampfpilot sein, der über Schweden abgeschossen worden war, dachte Rosling. Offenbar hatte die Sowjetunion den Dritten Weltkrieg gestartet. Rosling bekam Angst, aber er musste sich um seinen Patienten kümmern. Also sagte er zu ihm in gebrochenem Russisch: «Alles ist ruhig, Genosse, schwedisches Krankenhaus.» Dem Soldat stieg die Panik in die Augen.

Die Oberkrankenschwester kam hinzu und sagte zu Rosling: «Geh bitte von der Rettungsweste runter. Du stehst auf der Farbkartusche und machst den ganzen Boden rot.» Dann beugte sie sich zum Patienten und sagte auf Schwedisch: «Du warst 23 Minuten lang im eiskalten Wasser, deswegen können wir nicht verstehen, was du sagst.»

Rosling hatte innerhalb von Sekunden ziemlich wichtige Dinge falsch verstanden: Das Blut war Farbe. Der Russe war Schwede. Der Krieg war Frieden. Der Abschuss war ein Absturz während eines Routineflugs. Unter Zeitdruck war Rosling zurückgeworfen auf seine Vorurteile – und die werden oft getrieben vom Denken in schlimmstmöglichen Szenarien, von Angst. So wie wir beim Anblick von einem Stück

Liane im Dschungel die Flucht ergreifen, so malte sich Rosling den Dritten Weltkrieg aus.

Derselbe Mechanismus führte dazu, dass Polizisten und Journalisten im Februar 2016 in Kiel einen sexualisierten Migrantenmob herbeifantasierten. Je weniger Zeit Journalisten für Recherche haben, desto negativer wird die Berichterstattung sein.*

Aber das ist noch nicht alles: Selbst wenn wir vor jeder Veröffentlichung genug Zeit hätten, um ganz nach oben auf die Recherche-Treppe zu steigen, wäre das Negativitätsproblem nicht gelöst. Die Berichte wären dann zwar weitgehend von Vorurteilen gereinigt, aber verglichen mit der Realität wäre die Summe aller Berichte wahrscheinlich immer noch zu negativ. Wir Journalisten bevorzugen das Extreme, das Extravagante, das Schillernde und verschmähen das Moderate, das Normale, das Schattierte.

Wenn sich von 90 Baumhausbesetzern im Hambacher Forst 87 friedlich von der Polizei abführen lassen, berichten wir über die drei, die mit Kot werfen. Wenn in Chemnitz tausende Menschen demonstrieren, richten wir die Kameras auf die wenigen Dutzend, die den Hitlergruß zeigen. Wenn von hunderten Hamburger Kitas eine Indianer-Kostüme verbietet, schreiben wir über diese eine. Es gibt einen Spruch in unserer Branche: *When it bleeds, it leads.* Wenn es blutet, kommt es auf die Titelseite.

---

* Die Lösung wäre natürlich einfach: langsamer werden. Sich mehr Zeit für Recherche nehmen und einige Stunden, einige Tage warten, bis man berichtet. Natürlich ist das in Wahrheit unendlich schwer. Wegen der sozialen Medien, wo schon nach Minuten Informationen nachgefragt werden. Wegen des Konkurrenzdrucks, den sich Medien gegenseitig machen. Wegen der Lügenpresserufer, die im Schweigen – auch wenn es nur vorübergehend ist – sofort Manipulation wittern. Wegen der unter Druck geratenen Geschäftsmodelle in der Medienbranche und der Annahme, dass Schnelligkeit helfen kann, um trotzdem zu bestehen (was man mit guten Gründen kritisieren kann).

Natürlich sind die Extremfälle interessanter. Das sehen wahrscheinlich die meisten Journalisten so, auch ich. Das Entscheidende ist aber, dass nicht nur wir Berichterstatter das so sehen, sondern auch unser Publikum. Auch Sie sehen das so. Betrachten Sie mal folgendes Bild:

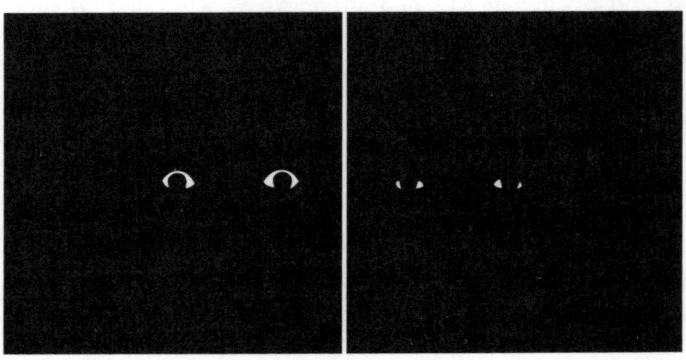

Abb. 1: Dieses Bild wurde Probanden im Rahmen einer Studie zur Responsivität der menschlichen Amygdala gezeigt. Vgl. Anm. 17.

Beim Betrachten des linken Bildes hat sich ihr Herzschlag beschleunigt, noch bevor ihr Gehirn genug Zeit hatte, den Gedanken zu formen, dass dies die Augen einer ängstlichen Person sind.

Wissenschaftler zeigten dieses Bild Probanden, die in einem Hirnscanner lagen.[17] Das Bild war nur 0,017 Sekunden lang zu sehen, so kurz, dass der jeweilige Betrachter nicht mal wusste, dass er überhaupt etwas gesehen hatten. Aber das hatte gereicht, um seine Amygdala zu aktivieren, die unter anderem das «Gefahren-Erkennungs-System» des Gehirns ist. Die Evolution hat uns Menschen darauf trainiert, das kleinste Signal für eine Bedrohung so schnell wie möglich zu erkennen. Beim Betrachten des rechten Bildes veränderte sich der Herzschlag der Probanden im Hirnscanner nicht. Diese Augen gehören einer glücklichen Person.

Wir erkennen sofort ein wütendes Gesicht in einer Masse

von glücklichen Gesichtern. Ein fröhliches in einer Masse von wütenden bemerken wir nicht.[18] Negative Wörter wie «Krieg» und «Verbrechen» nehmen wir schneller wahr als positive wie «Liebe» und «Frieden».[19]

Dank dieses Negativradars entkamen unsere prähistorischen Ahnen vor hungrigen Löwen und giftigen Schlangen. Der Mechanismus sicherte das Überleben unserer Spezies. Aber in der modernen massenmedialen Welt führt er zu immer größerer Nachfrage nach Schreckensmeldungen. Die Menschen schauen die Sondersendungen zum jüngsten Terroranschlag. Zeitungen, die mit negativen Schlagzeilen aufmachen, verkaufen sich besser als solche, die positiv titeln.[20] Je mehr Journalisten dem Drang nachgeben, diese Nachfrage (und ihre eigenen Instinkte) zu befriedigen, desto stärker feuern sie die Amygdala unserer Gesellschaft an, desto hysterischer werden wir – auch dann, wenn dazu gar kein Anlass besteht.

Harald und Christa Hermes sind ein gutes Beispiel. Als ich sie in Hamburg interviewe, sagt Harald Hermes irgendwann, ausgesprochen wie eine Selbstverständlichkeit: «Muslime sind nicht gut für unser Land.» Ich entgegne, das könne man so nicht sagen. Es geht hin und her und ich merke, wie ich mit jeder Minute nervöser werde. Am nächsten Tag tippe ich das Band ab und verstehe, warum. Dies war, minimal gekürzt, unser Dialog.

Harald Hermes: Die Muslime in Deutschland sind Extremisten.
Bastian Berbner: Wie viele Muslime kennen Sie in Deutschland?
H. H. (überlegt): Ungefähr sieben, acht, neun. In der Firma haben wir etliche gehabt.
B. B.: Und das waren Extremisten?
H. H.: Nee, das waren keine Extremisten. Die versuchten, sich zu integrieren.

B. B.: Sie sagen, die Muslime in Deutschland sind Extremisten, obwohl die einzigen Muslime, die Sie persönlich kennen, keine sind?

H. H.: Das ist allgemein bekannt.

B. B.: Was heißt allgemein bekannt?

H. H.: Das ist über die Presse bekannt.

Christa Hermes: Wir hören es ja jeden Tag im Fernsehen. Da kriegt man doch die ganzen negativen Dinge mit, da hat man ja schon Angst, was noch alles auf uns zukommt.

H. H.: Sie können die ganzen islamischen Länder sehen, überall ist Gewalt und Terror, es gibt kein Land, wo es keine Diktatur gibt.

C. H.: Da gibt es keinen Frieden.

H. H.: Unter den Muslimen gibt es keinen Frieden.

C. H.: Die sitzen in den Moscheen und kriegen eingeredet, dass sie uns als Christen umbringen müssen.

Als ich das Band abtippe, höre ich, wie ich mit unsicherer Stimme darauf hinweise, dass zum Beispiel Tunesien keine Diktatur sei. Ich hätte noch sagen können, dass weder im Oman noch im Iran Krieg herrscht. Oder, dass in nur wenigen deutschen Moscheen der Heilige Krieg gepredigt wird. Dass ich viele islamische Länder besucht habe, dass es Teil meines Jobs ist, Bücher über sie zu lesen, und dass es dort viel friedlicher zugeht, als die Hermes sich das vorstellen. Aber all das sagte ich nicht, vielleicht weil ich die Entgegnung von Harald Hermes schon erahnen konnte: Wenn ihr Journalisten das alles wisst, warum berichtet ihr das nicht?

Der Auswertungsdienst Media Tenor hat fast 900 000 Berichte zum Thema Islam von 19 deutschen Leitmedien über drei Jahre hinweg ausgewertet.[21] Mehr als drei Viertel waren negativ. Meistens ging es um Terrorismus oder Krieg. In Deutschland leben fünf Millionen Muslime. 40 000 davon gelten als Islamisten. Das sind 0,8 Prozent. Dennoch dominieren sie die Berichterstattung.

Die Hermes sitzen auf ihrem Sofa und sehen den Attentäter vom Breitscheidplatz. Sie sehen Enthauptungen in Syrien und Explosionen im Irak. Sie sehen, dass ein saudischer Journalist von seinen Landsleuten zerstückelt wird. Und sie hören von einer deutschen Moschee, in der zu Gewalt aufgerufen wird. Was sollen sie denken, wenn sie in ihrem Alltag keine oder nur wenige Muslime um sich haben?

Angenommen ein Außerirdischer landet mit seinem Raumschiff zufällig auf dem Rasen vor dem Oval Office. Er trifft Donald Trump und fliegt wieder zurück zu seinem Planeten. Was wird er seinen Alien-Freunden über uns Menschen erzählen?

Die Hermes nehmen an, dass das, was sie im Fernsehen sehen, ein vollständiges Abbild der Realität ist. Genauso wie wir Journalisten uns das eigentlich wünschen. Es sollte nicht notwendig sein, in fremde Länder zu reisen und Bücher über sie zu lesen, um etwas von ihnen zu wissen. Wünschenswert ja, aber nicht notwendig. Es sollte reichen, den Fernseher anzuschalten oder eine Zeitung aufzuschlagen.

Die Autoren von Media Tenor schreiben: «Das sich seit Jahren immer weiter verschlechternde Medienbild des Islam hat einen erheblichen Beitrag zum Aufstieg nationalistischer Bewegungen in Europa und den USA beigetragen. Islamophobie ist ein wesentliches Element der zunehmenden Angst vor Fremden im allgemeinen und den Flüchtlingen aus dem Nahen Osten.»[22] Das heißt, dass wir Journalisten den Rassismus, den wir zu Recht kritisieren, selbst nähren.

Und wer jetzt sagt, so ein Quatsch, es ist doch völlig klar, dass Medien eher negativ berichten, man kann sich doch denken, dass das nicht repräsentativ ist, dem möchte ich gern Daniel Kahneman vorstellen.

*

Daniel Kahneman, 84 Jahre alt, ist eine wissenschaftliche Ikone. Er begrüßt mich in seiner Penthouse-Wohnung in Lower Manhattan. Hier, aus dem 23. Stock, hat Kahneman einen ungestörten Blick hinauf bis zum Empire State Building, den er zu selten genießt, sagt er, weil er immer auf seinen Computer guckt. Er arbeitet gerade wieder an einem Buch. Sein letztes, «Schnelles Denken. Langsames Denken», wurde weltweit ein Bestseller.

Kahneman ist einer der wenigen Wissenschaftler, die es nicht nur geschafft haben, die eigene Disziplin zu revolutionieren, in seinem Fall die Sozialpsychologie, sondern auch gleich noch eine andere Disziplin, die Ökonomie. Im Jahr 2002 erhielt er den Nobelpreis für Wirtschaftswissenschaften. In den Siebzigern stellten Kahneman und sein Kollege Amos Tversky ihren Studenten folgende Aufgabe[23]:

In welcher Situation kommt der Buchstabe R in der englischen Sprache häufiger vor?
Als erster Buchstabe in einem Wort?
Als dritter Buchstabe in einem Wort?

Meine Einschätzung des Verhältnisses ist:
____ : 1

Die meisten Studenten antworteten 2:1. Sie dachten also, dass es doppelt so viele Wörter gibt, die mit R beginnen, wie Wörter, deren dritter Buchstabe ein R ist. Das wirkliche Verhältnis ist genau umgekehrt. Kahneman beobachtete, dass die Studenten immer gleich vorgingen. Sie durchsuchten ihr Gedächtnis nach Wörtern für beide Varianten, zum Beispiel *Road* oder *Car*. Da es leichter ist, Wörter nach ihrem ersten Buchstaben zu suchen, fielen ihnen mehr davon ein. *Ring, Rat, Rust, Rabbit, Run, Rough, Rule...* So viele, dass sie fälschlicherweise davon ausgingen, dass ihre Erinnerung repräsentativ sein müsse. War sie aber nicht. Also antworteten sie falsch.

In einem anderen Experiment las Kahneman seinen Studenten 39 Namen vor, 20 weibliche und 19 männliche. Einige der Namen gehörten Prominenten: Elizabeth Taylor, Richard Nixon. In der Liste waren mehr berühmte Männer als Frauen. Dann fragte Kahneman: Habe ich mehr Frauennamen oder mehr Männernamen vorgelesen? Fast alle Studenten antworteten: mehr Männernamen – und sie lagen daneben. Sie hatten sich an die Prominenten erinnert und die waren mehrheitlich männlich.

Dann variierte der Forscher den Versuch: Jetzt las er 20 Männernamen und 19 Frauennamen vor. Diesmal gab es gleich viele berühmte Namen auf beiden Seiten, aber die berühmten Frauen waren berühmter als die berühmten Männer. Die Studenten schätzten diesmal, dass es mehr Frauennamen waren – und lagen wieder falsch. Sie hatten sich an die berühmteren Frauen erinnert.

Dasselbe Prinzip, sagt Kahneman, sei verantwortlich dafür, dass wir langsamer fahren, nachdem wir einen schlimmen Verkehrsunfall gesehen haben. Dass wir nicht ins Wasser gehen, nachdem wir von einem Haiangriff gelesen haben. Dass wir nicht Bus fahren, nachdem wir im Fernsehen gesehen haben, dass sich ein Selbstmordattentäter an einer Haltestelle in die Luft gesprengt hat. Das, woran wir uns erinnern, bestimmt unser Verhalten. Das, woran wir uns erinnern, entscheidet, wie wir über eine Sache denken – oder über einen Menschen. Kahneman und Tversky nannten es den *Availability Bias*.

Schon damals, als die beiden Forscher ihre Studie machten, meinten die Amerikaner, dass Tornados mehr Menschen töteten als Asthma und Blitzschläge mehr als Wurstvergiftung. In Wahrheit tötete Asthma 20-mal häufiger und Wurstvergiftung 52-mal häufiger. Aber darüber wurde nie berichtet, Blitzschläge und Tornados schafften es allerdings fast immer in die Abendnachrichten.[24] «Die Einschätzung ist durch Medienberichterstattung verzerrt», sagt Kahneman.

Wenn man eine Person fragt, was sie vom Islam hält, reagiert sie, wie Kahnemans Studenten damals reagiert haben. Sie durchsucht ihr Gedächtnis nach Hinweisen und Anekdoten, die ihr helfen könnten, diese Frage zu beantworten. Und wenn sie persönlich kaum Muslime kennt, dann werden die Erinnerungen, die zum Vorschein kommen, Medienberichte sein. Und die sind in Deutschland zu mehr als 80 Prozent negativ. Kein Wunder, dass Harald Hermes sagt: Der Islam ist nicht gut für unser Land.

Man muss mal versuchen, sich in die Lage der drei Mädchen vom Sophienhof hineinzufühlen. Sie saßen da und zwei Ausländer fingen an, sie anzumachen. Sie hörten nicht auf. Welche Bilder kamen den Mädchen wahrscheinlich als Erstes ins Gedächtnis? In den Wochen zuvor war es, ausgelöst von der Kölner Silvesternacht, auf allen Kanälen um übergriffige Flüchtlinge gegangen. Dann sahen die Mädchen, dass hinter den beiden Jungs weitere Männer standen, ebenfalls mit Migrationshintergrund. War das in Köln nicht genauso gewesen? Wahrscheinlich gerieten sie in Panik. So wie man im Dschungel vor einer Schlange fliehen würde, obwohl es sich dabei in Wahrheit nur um ein Stück Liane handelt.

Als Journalist ist diese Erkenntnis für mich schmerzhaft, aber derzeit bewirkt die Berichterstattung manchmal das Gegenteil dessen, was ihre Aufgabe ist. Sie baut die Vorurteile in der Gesellschaft nicht ab, sie verstärkt sie. Sie klärt nicht auf, sie kreiert falsche Hysterie.

Da der stellvertretende Kontakt durch Journalisten offenbar nicht gut genug funktioniert, um die Gesellschaft von Vorurteilen zu befreien, braucht sie vielleicht doch mehr direkte Begegnungen zwischen ihren Mitgliedern. Mehr Momente wie die, die Christa Hermes auf dem Balkon oder Sven Krüger im Sportraum des Gefängnisses erlebt haben.

Im Rest dieses Buches wird es um Gesellschaften gehen,

die es geschafft haben, solche Momente gezielt herbeizuführen, Kontakt zwischen Andersdenkenden zu institutionalisieren, nicht zu erzwingen, aber zu ermutigen. An jedem der Orte, die wir besuchen werden, ist dies auf eine andere Art gelungen. Kontakt ist ein Werkzeug, das verschiedene Formen annehmen kann – und verschiedene Größen. Manchmal wird er so großflächig und kraftvoll eingesetzt wie ein Vorschlaghammer. Manchmal aber auch so präzise und vorsichtig wie ein Skalpell – zum Beispiel als die dänische Kleinstadt Århus, ein skandinavisches Wohlstands-Idyll, vor einigen Jahren in ihrem Inneren einen Feind entdeckte.

DIE RÜCKKEHRER

Wie ein Lächeln zur Waffe wird

Die Probleme begannen, als der Junge, der hier Jamal heißen möchte, aus Mekka zurückkam. Jamal, 20 Jahre alt, saß im Religionsunterricht in seiner Schule in der dänischen Kleinstadt Århus und eine Mitschülerin sagte, der Islam sei eine Religion aus der Steinzeit, barbarisch und unmenschlich gegenüber Frauen. In Mekka hatte Jamal inmitten von hunderttausenden Muslimen die Kaaba umrundet. Sie waren aus der ganzen Welt gekommen, aus Ägypten und Tunesien, wo bald der Arabische Frühling erblühen sollte, aus den demokratischen USA und aus dem autoritären China, aus Somalia, seiner alten Heimat, in der noch immer Krieg herrschte, und aus Dänemark, seiner neuen Heimat, in die er als Fünfjähriger mit seiner Familie geflohen war. Als Kind hatte ihn Religion wenig interessiert, aber in Mekka fühlte er zum ersten Mal die Erhabenheit einer Glaubensgemeinschaft. Und jetzt, in diesem Klassenzimmer, beleidigte dieses Mädchen jenes Gefühl.

Jamal sprang auf, stellte sich vor sie und schrie: «Dich müsste man steinigen, so wie du redest!» Die Klasse war still. «Der Islam ist Frieden und Harmonie!», schrie Jamal. «Ihr seid doch die, die Muslime auf der ganzen Welt bekämpfen!»

«Das reicht!», sagte die Lehrerin.

Am Abend war Jamal mit Freunden unterwegs, als sein Telefon klingelte. Er erkannte die Stimmlage seines Vaters, sie bedeutete: Kriegsrecht. Jamal ging nach Hause und setzte sich still aufs Sofa, wie er es machte in solchen Situationen, die nicht so häufig vorkamen, weil er ein ziemlich braver Junge war. «Was habe ich getan?»

Zivilpolizisten seien da gewesen, sagte der Vater, und hätten nach ihm gefragt, ohne zu sagen, warum. Drei Stunden lang verhörte der Vater den Sohn. «Was hast du getan? Hast du jemanden geschlagen? Hast du jemanden bestohlen?»

«Nein.»

«Was hast du gemacht?»

«Ich weiß es nicht.»

Als Jamal im Sommer 2018 von diesem Tag acht Jahre zuvor erzählt, ist seine Stimme so sanft, dass ich ihn mir schwer schreiend in diesem Klassenzimmer vorstellen kann. Jamal spricht in Dialogen und Details, ein bisschen so, als laufe in seinem Kopf ein Film ab. Er erinnert sich so genau daran, sagt er, weil das, was seither sein Dasein bestimmt, das, was ihn beinahe das Leben gekostet hätte, an jenem Tag angefangen hat.

In der Nacht lag er wach. Am Morgen fuhr er, auf Anordnung des Vaters, mit dem Bus zur Polizeistation in die Innenstadt. Sie liegt nicht weit vom Hafen. Polizisten führten ihn in einen Besprechungsraum im dritten Stock, Abteilung für Gewaltkriminalität. Auf dem Tisch habe ein Zettel gelegen, sagt er. Darauf habe gestanden: «PET». Das Kürzel des dänischen Inlandsgeheimdienstes. Die Polizei sagt, das könne nicht sein, bestätigt aber ansonsten den Ablauf, den Jamal schildert.

«Bist du ein Muslim?», fragten die Polizisten in Jamals Erinnerung.

«Ja.»

«Bist du ein Sunnit?»

«Ja.»

«Du warst in Mekka. Willst du dich in die Luft sprengen?»

«Nein. Nach Mekka zu pilgern ist eine der fünf Säulen des Islam.»

Am Tag zuvor hatten einige seiner Klassenkameraden nach dem Religionsunterricht zur Lehrerin gesagt, sie hätten Angst, dass Jamal ein Radikaler sei. Die Lehrerin ging zum Direktor und der Direktor rief die Polizei. Und jetzt saß er diesen Polizisten gegenüber, die Papiere des Nachrichtendienstes hatten und ihn zu seiner Reise nach Mekka befragten. Jamal bekam Panik.

In den Jahren zuvor hatte er im Fernsehen manchmal Berichte über Muslime gesehen, die unschuldig in amerikanische Geheimgefängnisse entführt worden waren, aus Deutschland, aus Italien. «Ich dachte, jetzt bin ich der Nächste. Wahrscheinlich sitze ich im nächsten Flieger nach Guantanamo», sagt Jamal. Die Polizisten ließen ihn ein Dokument unterschreiben. Er hatte keine Wahl, sagt er. Dann fuhren ihn zwei Beamte in blauen Uniformen, die Krone des dänischen Königreichs auf der Schulter, nach Hause und durchsuchten sein Elternhaus.

Jamal erinnert sich an den Schock seiner Mutter. Gemeinsam sahen sie zu, wie die Polizisten Schubladen aus Kommoden zogen, Schranktüren öffneten und den Computer seines kleinen Bruders inspizierten. Jamal wurde immer wütender. Jetzt demütigten diese Menschen nicht nur ihn, sondern auch seine Familie. Dann fragten sie nach seinen Passwörtern für soziale Medien. Er gab sie ihnen.

Zwei Wochen lang schlief er kaum. Aß wenig. Er ging nicht zur Schule und verpasste wichtige Klausuren. Jeden Tag, sagt er, sei er durch den Wald gegangen, allein mit seinen Gedanken.

«Warum lässt du dich von diesem Staat so behandeln?»

«Diese Gesellschaft will dich nicht.»

«Warum sonst demütigt sie dich so?»

Dann rief die Polizei an, er habe nichts zu befürchten. Jamal wollte die Klausuren nachschreiben. Das gehe nicht, habe der Schuldirektor gesagt, er müsse das ganze Jahr wiederholen oder sich eine neue Schule suchen. Jamal sagte zu seinem Vater: «Diese Menschen sind Rassisten. Wie können wir Teil dieses Landes sein?»

Kurz darauf starb seine Mutter – und Jamals Welt verlor den letzten Rest Bedeutung.

Zu Hause weinten seine Geschwister. Sogar der Vater. Wieder in den Wald. Aus Leere wurde Wut. Die dänischen Ärzte hätten seine Mutter retten müssen. Der Schuldirektor war ein Rassist. Die Polizisten hatten ihn gedemütigt. Überall, sagt Jamal, hörte er die Gesellschaft brüllen: Du gehörst nicht zu uns.

Dann, sagt er, war da dieser Moment. Er im Wald und in seinem Kopf der Gedanke: Wenn ihr einen Terroristen wollt, dann werde ich euch einen geben.

Wenige Tage später betete er in der Moschee, als ihm jemand auf die Schulter tippte. Ein alter Freund, den er von früher aus dem Koranunterricht kannte. «Wo warst du die ganze Zeit?», fragte der Freund. Jamal begann zu weinen und erzählte. Der Freund sagte: «Mach dir keine Sorgen. Du bist nicht der Einzige. Anderen Menschen geht es genau wie dir.»

Der Freund nahm ihn mit in die Vorstadt. In einem Apartment warteten drei junge Männer. Sie trugen Bärte und islamische Gewänder. Sie umarmten ihn. Willkommen, Bruder. Iss etwas. Trink etwas. Zwei stammten aus Somalia wie er. Einer aus Palästina. Einer erzählte, dass die Polizei hinter ihm her sei, obwohl er nichts getan habe. Ein anderer, dass seine Schwester bespuckt worden sei, weil sie ein Kopftuch trage.

Manchmal sah Jamal die anderen in der Moschee, aber meistens in der Wohnung. Sie kochten und schauten Videos auf YouTube. Am liebsten die des amerikanischen Predigers Anwar al-Awlaki, der sich in den jemenitischen Bergen versteckte und von der US-Regierung gejagt wurde. In einem Video, es war erst einige Monate alt, sagte al-Awlaki: «Als Muslim konnte ich es nicht länger mit mir vereinbaren, in den USA zu leben. Ich kam zu dem Schluss, dass der Heilige Krieg gegen Amerika meine Pflicht ist, wie er die Pflicht jedes Muslims ist.»

«Er hatte im Westen gelebt wie wir. Er kannte die Probleme», erinnert sich Jamal. «Wir fühlten uns von ihm verstanden. Er hatte Antworten. Und diese Antworten gab er in einfachem, klarem Englisch.» In der Gruppe entstand der Plan, Awlakis Aufruf zu folgen. «Wenn der Westen meine islamischen Brüder und Schwestern nicht in Ruhe ließ», sagt Jamal, «dann wollte ich zur Kalaschnikow greifen und für sie kämpfen.»

Die Polizeistation am Hafen hat hinten im Hof einen kleinen Anbau. Dort klingelte im Sommer 2012 das Telefon. Thorleif Link, Polizist seit 26 Jahren, nahm ab und hörte am anderen Ende die Stimme eines Mannes. Seit zwei Wochen sei sein Sohn verschwunden, sagte der Mann. Link rief in der Schule an, wo der Junge in die Oberstufe ging. Auch dort hatte ihn seit zwei Wochen niemand gesehen. Nicht lange danach klingelte Links Telefon wieder. Ein weiterer Vater. Er hätte seinen Sohn seit drei Tagen nicht gesehen. Århus zählt 336 000 Einwohner – heilstes Dänemark, Katalog-Skandinavien. Hier verschwinden selten Jugendliche. Und dann auch noch zwei in so kurzer Zeit. Dann klopfte jemand an Links Bürotür. Noch ein Vater.

«Es war wie ein Tsunami», sagt Link. Aus drei verschwundenen Jugendlichen wurden fünf, zehn, zwölf, siebenundzwanzig, schließlich sechsunddreißig. Bei allen handelte es sich um Muslime. Es dauerte nicht lange, da hörte Link von den Familien der Jugendlichen ein Gerücht. Sie hatten den Verdacht, dass ihre Kinder nach Syrien gegangen waren. Dort hatte ein Aufstand gegen die Regierung begonnen und mit jedem Monat, der verging, wurde dieser Aufstand stärker dominiert von islamistischen Gruppen. Syrien war zu dem geworden, was erst Afghanistan und später der Irak gewesen waren – ein Magnet für die dschihadistische Internationale. Und wenn stimmte, was Link hörte, hatte er auch die Jugendlichen aus Århus angezogen.

Thorleif Link war nicht ganz unvorbereitet. Die Präventionseinheit der Polizei in Århus, für die er arbeitete, hatte schon Jahre zuvor ein Programm gegen *Homegrown Terrorism* entwickelt. Gegen Terroristen, die aus Dänemark stammten, sich dort radikalisierten und gegen die eigene Gesellschaft wandten. Sie hatte deswegen Kontakte aufgenommen in die islamischen Gemeinden, auch zu den Moscheen. Deswegen merkte Link schnell, dass die meisten der verschwundenen Jugendlichen aus dem Umfeld derselben Moschee stammten.

Die Grimhoj-Moschee liegt etwas außerhalb der Stadt, in einer Straße mit einer Autowerkstatt und einem Motocrossclub. Hier wird der Salafismus gepredigt, eine besonders strenge Auslegung des sunnitischen Islam. Die Medien, die mittlerweile auch von der Geschichte gehört hatten, berichteten, dass die Jugendlichen in der Moschee radikalisiert worden und von dort in den Dschihad geschickt worden seien. Aber als Link mit dem Imam und mit Gemeindemitgliedern in der Moschee sprach, merkte er: Viele waren ebenso überrascht und schockiert wie der Rest der Bevölkerung. Sie erzählten ihm, dass die Jugendlichen den Imam als weichgespülten, alten Mann gesehen hatten, der sich hatte korrumpieren lassen von den Verführungen des Westens.

Viele Eltern sagten ihm, vielleicht sei ihr Sohn ja nur nach Syrien gereist, um Flüchtlingen zu helfen, um Gutes zu tun. Thorleif Link glaubte kein Wort. Er ging davon aus, dass alle 36 dort zu Terroristen ausgebildet werden. Vielleicht lernten sie, Sprengstoffwesten zu bauen. Oder eine Kalaschnikow zu bedienen. Und er ging davon aus, dass zumindest einige von ihnen irgendwann zurückkommen würden nach Århus, in die Stadt, für deren Sicherheit er mitverantwortlich war. Er hatte also ein Problem.

Auf eine solche Bedrohung reagieren viele Regierungen, indem sie Telefone abhören, Familienmitglieder vernehmen, Agenten losschicken und Drohnen in den Himmel steigen lassen. Sie versuchen, die potenziellen Terroristen zu verhaften, sie vielleicht sogar zu töten. Aber erstens ist dies Dänemark, Hygge-Land. Und zweitens ist Thorleif Link ein Polizist in Århus. Er hat keine Agenten. Auch keine Drohnen.

Dann hörte Link wieder ein Gerücht. Einer der Reisenden sei zurückgekehrt aus dem Kriegsgebiet, ein junger Mann, dessen Vater Link in der Moschee kennengelert hatte. Das Problem war: Die Polizei hatte nichts gegen diesen Jugendlichen in der Hand, keine Beweise, nicht mal einen konkreten Verdacht, also konnte sie ihn nicht festnehmen.

Dann klingelte Thorleif Links Bürotelefon. Der Vater des Jungen war dran und sagte, sein Sohn sei nach Hause zurückgekehrt. Ob sie mal bei Link vorbeikommen könnten?

«Ja, gleich morgen», sagte Link. Natürlich machte er sich Gedanken: Würde dieser Junge einen mit Sprengstoff gefüllten Rucksack mitbringen oder ein Sturmgewehr? Andererseits vertraute Link dem Vater. Wer weiß, vielleicht war dieser Junge ja tatsächlich einer, der nicht gekämpft hatte.

Am nächsten Tag kamen sie vorbei, Vater und Sohn. Der Junge hatte dünne Arme, volles schwarzes Haar und eine Schusswunde in der Schulter. Link fragte: «Tee oder Kaffee?» Der Junge erzählte, er habe in Syrien Krankentransporte gefahren, philippinische Hilfslieferungen. Dann sei er in eine Straßensperre von Islamisten geraten, von denen einer herumgeballert habe. Eine Kugel sei vom Boden abgeprallt und habe ihn an der Schulter erwischt. Link glaubte ihm nicht. Sein Gefühl sagte, da sitzt ein Kämpfer, aber er ließ sich nichts anmerken.

Ob dieser Mann gekämpft hatte, ob er in einem Terrorlager gewesen war oder ob stimmte, was der Junge erzählte – all das, versuchte sich Link einzureden, war für seine Arbeit unwichtig. Das müssten seine Kollegen der ermittelnden Einheit herausfinden. Seine Aufgabe war es, dafür zu sorgen, dass dieser Mann hier in Århus keine Dummheiten anstellen würde. Und Links Gefühl war, dass ihm das am besten gelingen würde, wenn er dabei half, diesen Jungen so gut wie möglich in die Gesellschaft zu reintegrieren. Also schickte er ihn ins Krankenhaus, damit seine Wunde ordentlich versorgt würde, und machte ihm einen Termin bei einem Psychologen.

Einige Tage später rief ihn der Junge an. Er habe einen Freund, der mit ihm in Syrien gewesen sei. Ob der auch mal vorbeikommen könne? Natürlich, sagte Link. Er kam. Kaffee oder Tee? Wieder wusste Link nicht, wie viel er glauben konnte von dem, was der Mann erzählte. Wieder spürte er, dass der junge Mann überrascht war, dass ein Polizist, ein Feind, so nett zu ihm war, so offen, so interessiert und, ja, so hilfsbereit.

Dann rief der Junge mit der Schusswunde erneut an. Da sei noch ein Freund. Er sei seit einem Jahr in Syrien und traue sich nicht nach Hause, weil im Internet stehe, dass die Dänen wütend seien auf Leute wie ihn. Link sagte, er solle ihn anrufen und ihm sagen, dass er ihn gern empfangen werde. Wenige Tage später saß er in seinem Büro. Tee? Kaffee? Link kümmerte sich um ihn. Diese Jugendlichen, das sei sein Gefühl gewesen, sagt Link, suchten einen Ausweg – und er wollte ihnen diesen Ausweg aufzeigen. Innerhalb kürzester Zeit sprach sich unter den jungen Männern und Frauen herum, dass da dieser Polizist war, der sie nicht gleich vorverurteilte, der erst mal einen Kaffee aufsetzte und sich ihre Geschichten anhörte. Und wieder klingelte Links Telefon. Viele der Jugendlichen, die nach Syrien gegangen waren, kamen wieder und alle wollten sie mit Thorleif Link sprechen. Der Tsunami, er kam wieder zurück.

Jamal stand in der Küche seines Elternhauses, als der Anruf einer unbekannten Nummer sein Handy vibrieren ließ. «Hallo, mein Name ist Thorleif, ich arbeite für die Polizei und habe von deinem Fall gehört. Willst du mal vorbeikommen und mit mir einen Kaffee trinken?»

Jamal war noch nicht ausgereist, noch war er in Århus und jetzt am Telefon brauchte er einen Moment, um sich zu sammeln, so erinnern sich beide Gesprächspartner. Dann schrie er: «Fuck off! Ihr habt mein Leben ruiniert!» Link sagte: «Die Polizei hat dich falsch behandelt, und das tut mir leid.» Jamal war sprachlos. Ein Polizist, ein Vertreter der Gesellschaft, von der er sich ausgestoßen, gedemütigt, provoziert fühlte, hatte sich gerade bei ihm entschuldigt. Jamal hatte beschlossen, bald nach Pakistan in eine Koranschule zu reisen. Einer seiner Freunde war bereits dort.

«Komm doch mal auf einen Kaffee vorbei», sagte der Polizist. «Nein», sagte Jamal.

Aber der Polizist insistierte, wieder und wieder. Irgendwann sagte Jamal: «Okay.» Der Polizist hatte ihn neugierig gemacht. Im Bus zum Polizeirevier fühlte er sich wie ein Agent im Film. Er hatte sich vorgenommen, den Gegner auszuspionieren. Er würde herausfinden, was dieser Polizist vorhatte. Klar, es könnte eine Falle sein. Vielleicht würden sie ihn festnehmen, aber dann wüssten seine Freunde wenigstens Bescheid. Es wäre der endgültige Beweis dafür, dass sie auf dem richtigen Weg waren.

Diesmal wurde er am Empfangsschalter nicht in den dritten Stock geschickt, sondern in einen kleinen Anbau, Abteilung für Prävention. Dort empfing ihn dieser breitschultrige, gemütlich aussehende Mann mit einem Lächeln. Das prägte sich Jamal ein. Das Gesicht des Systems, es lächelte.

«Willkommen Jamal, schön, dich zu sehen. Kaffee oder Tee?»

Link fragte, wie es ihm gehe. Jamal schimpfte. Aber dieser Polizist redete einfach weiter. Er bedauerte noch mal das Verhalten seiner Kollegen. Jamal dachte: Der muss das spielen. Polizisten sind böse. Polizisten sind Feinde. Polizisten lächeln nicht. «Es war, als wolle mich jemand umarmen und ich würde immer wieder entschlüpfen», erinnert sich Jamal.

Nach Pakistan zu gehen, sei nicht verboten und niemand könne das verhindern, sagte Jamal zu Link und der sagte, ja, das stimme. Sie redeten etwa eine Stunde und je länger das Gespräch dauerte, desto plausibler erschien Jamal ein Szenario, das er nicht für möglich gehalten hatte. Vielleicht meinte es dieser Polizist ernst. Am Ende sagte Link: «Bevor du nach Pakistan gehst, kannst du mir einen Gefallen tun? Komm noch einmal wieder, ich möchte dir gern einen dänischen Muslim vorstellen.»

Ein dänischer Muslim – so etwas konnte es nicht geben, dachte Jamal. Entweder du bist Muslim oder du gehörst zum System. Er wollte das Gesicht dieses Verräters sehen.

Als Jamal einige Tage später erneut Thorleif Links Büro betrat, saß neben dem Polizisten ein schlanker Mann um die dreißig mit nahöstlichem Aussehen. Jamal begrüßte Link. Dann wendete er sich dem Mann zu und sagte: «Salam Alaikum.» Das hatte er sich als Test überlegt. Würde der Mann die richtige Antwort auf die arabische Begrüßung kennen?

«Alaikum Salam», sagte der Mann.

Erhan Kilic war erleichtert. Er hatte sich einen großen, bärtigen, aggressiven Mann vorgestellt, der seinen ganzen Körper einsetzt, wenn er spricht. Das war sein Bild eines radikalen Islamisten. Aber jetzt war dieser schmale Junge durch die Tür gekommen, dessen Augen unsicher im Raum umherwanderten, und der, leise und unsicher, sagte: «Salam Alaikum.»

Erhan Kilic hatte schlecht geschlafen in den Nächten zuvor. Worauf hatte er sich da eingelassen? Aber Thorleif Link, dem er vertraute, hatte gesagt, der Junge, dessen Mentor er werden solle, sei nicht gefährlich. Die drei setzten sich. Link sagte, Erhan sei praktizierender Muslim, stamme ursprünglich aus der Türkei, habe gerade sein Jura-Studium beendet und arbeite nebenbei als Aushilfslehrer an einer Schule.

Kilic sah, wie Jamal ein unsicheres Lächeln auflegte. Als ob ihn Kilics Biografie beeindrucke, er es aber nicht zeigen wolle, so erinnert sich Kilic. Jamal fragte ihn: «Weißt du, was diese Menschen mir angetan haben?»

«Nein, aber erzähl es mir.»

Jamal sprach schnell und laut. Kilic unterbrach ihn nicht. Irgendwann wurde Jamals Stimme leiser, und als er fertig war, sagte Kilic: «Ohne Zweifel wurdest du schlecht behandelt. Aber der einzige Mensch, den du mit deinem Verhalten verletzt, bist du selbst.»

Kilic erzählte, dass auch er Rassismus erlebt habe. Dass er deswegen nur noch härter gearbeitet habe. Er erzählte von seiner Familie, seinem Haus, davon, dass er bald als Anwalt arbeiten und damit seinen Traum erfüllen werde. Auf Jamal wirkte Erhan Kilic wie ein glücklicher Mann.

«Du kannst nach Pakistan gehen, wenn du willst», sagte Kilic. «Aber überleg mal: Alle dort sind Muslime. Der Muezzin ruft sie zum Gebet. Alle beten gemeinsam. Alle fasten im Ramadan. Hier in Dänemark gibt es wenige Muslime. Es gibt keinen Muezzin. Im Ramadan fasten nur wenige. Du musst selbst an alles denken. Wo ist es einfacher, Muslim zu sein?»

«In Pakistan», sagte Jamal.

«Was, denkst du, schätzt Gott mehr: Wenn du als Muslim den einfachen Weg gehst oder den schweren?»

«Den schweren», sagte Jamal.

Innerhalb weniger Minuten hatte es dieser Erhan geschafft, in seine religiöse Komfortzone einzudringen, ohne dass er, Jamal, eine Entgegnung wusste. Mit wenigen Fragen hatte er es geschafft, seine Entscheidung in Frage zu stellen, die gerade noch felsenfest gestanden hatte. Thorleif Link saß die meiste Zeit schweigend hinter seinem Schreibtisch, dann sagte der Polizist, er müsse jetzt weiterarbeiten, die beiden könnten ja Nummern austauschen.

Als Kilic einige Tage später beim Café in der Innenstadt ankam, das er als Treffpunkt vorgeschlagen hatte, wartete Jamal vor der Tür. Er forderte Kilic auf, seine Arme zu den Seiten auszustrecken wie bei der Sicherheitskontrolle am Flughafen. Dann tastete er ihn ab. Keine Mikrofone, keine Kameras. Sie gingen rein. Jamal fiel auf, dass Kilic und er die einzigen Gäste mit schwarzen Haaren waren.

Wenn Jamal damals ausging, dann traf er sich mit Freunden in Schawarma-Bars, von denen es in der Nähe ihrer Wohnungen viele gab. Dort tranken sie Tee und aßen Dürüm. Dort kannte er sich aus. An einem Ort wie diesem, in der Innenstadt, wo Menschen Wein trinken und Weiße-Leute-Essen essen, das sich weder er noch seine Freunde noch seine Familie hätten leisten können, war er noch nie gewesen. Wohin mit seiner Jacke? Er schaute zu Kilic und legte sie, wie er, auf den Stuhl neben ihm. Was isst man hier? Er bestellte, was Kilic bestellte, Waffeln mit Schokolade. Isst man das mit den Händen? Er machte es wie Kilic und nahm Messer und Gabel.

Jamal deutete in den Raum und fragte: «Bist du Teil von denen oder Teil von uns?» «Ich bin ich selbst», sagte Kilic.

Die meiste Zeit sprachen sie über den Islam, die Religion, die sie gleichzeitig verband und trennte. Zwei, vielleicht drei Stunden. Dann spazierten sie am Hafen entlang. Sie trafen sich zwei, drei Mal die Woche. In Cafés, Restaurants, im Kino. Sie sprachen über den Islam, über Dänemark und über die Action-Filme, die Jamal aussuchte. Oft ging Jamal danach zurück zu seinen Freunden und sagte: «Gebt mir ein Argument. Was soll ich ihm entgegenhalten? Ich verliere diese Debatten.»

«Es dauerte etwa sechs Monate, bis sich meine Faust entballte», erinnert sich Jamal. Plötzlich sah er Nuancen, wo vorher nur schwarz oder weiß gewesen war. Vielleicht war der Schuldirektor rassistisch, aber das bedeutete nicht, dass die ganze Gesellschaft rassistisch war. Ja, die Polizisten damals hatten ihn schlecht behandelt, aber erstens bedeutete das nicht, dass sie das aus Bosheit getan hatten. Und zweitens hieß das schon gar nicht, dass alle Polizisten so waren. Ja, es gab tatsächlich dänische Muslime, Erhan zum Beispiel.

Nach einer Weile änderten sich ihre Gesprächsthemen. Kilic und Jamal redeten jetzt häufiger über die Schule, die Jamal wieder besuchte. Darüber, was er danach machen würde. Jamal sah seine Freunde aus der Vorstadt seltener. Als er einen auf der Straße traf, sagte der: «Vergiss uns nicht, Bruder.» Bald ging dieser Freund nach Syrien. Jamal begann ein Controlling-Studium. Später hörte er, dass der Freund getötet worden sei, als der Islamische Staat Nordsyrien eingenommen hatte. Da war Jamal schon wieder zum Dänen geworden.

Als Dänemark 2015 ein neues Parlament wählte, meldete sich Jamal, mittlerweile 25 Jahre alt, freiwillig, um im Rathaus Stimmen auszuzählen. Er half dem Staat, den er so erbittert gehasst hatte. Er heiratete, schloss sein Studium ab – und nach einer Weile rief Thorleif Link an und fragte ihn, ob er selbst Mentor werden wolle. Ob er für einen Jungen tun wolle, was Erhan für ihn getan hatte. Natürlich, sagte Jamal. Seit einiger Zeit trifft er sich mit einem Teenager, 17 Jahre alt, der ihn in seiner Verlorenheit, seiner Sturheit und seiner Gesellschaftswut an sein früheres Selbst erinnert.

Jamal sagt ihm: «Bezeichne nicht die ganze Gesellschaft als rassistisch. Du willst ja auch nicht, dass Menschen sagen, alle Muslime sind gefährlich. Triff keine Entscheidung, wenn du wütend bist, das führt nur dazu, dass deine Familie leiden wird.» Manchmal erzählt er von sich selbst. Davon, dass er unverschämtes Glück gehabt habe. Dass er wahrscheinlich tot wäre und dass er vielleicht getötet hätte, wäre er den Weg weitergegangen, den er eingeschlagen hatte. Und er sagt ihm: «Wenn dein Telefon klingelt, und es ist eine unbekannte Nummer, geh immer ran.»

*

Stellen wir uns einen Islamisten vor, gegen den die amerikanische Regierung in ihrem *war on terror* vorgegangen ist. Vielleicht wurde er getötet, zum Beispiel von einer Drohne. Vielleicht wurde er gefoltert, zum Beispiel in Guantanamo oder Abu Ghraib. Wovon wird dieser Mensch sein Leben lang erzählen, sollte er wieder freikommen? Wahrscheinlich von der Brutalität der amerikanischen Soldaten. Von der Menschenrechts-Heuchelei. Von seinen Schmerzen.

Stellen wir uns jetzt die Familie eines solchen Islamisten vor, seine engen Freunde und seine Bekannten. Wovon werden diese Menschen erzählen? Selbst wenn der Mann ein Terrorist war, für diese Menschen war er vor allem Sohn, Vater, Freund oder Mannschaftskamerad. Wenn sie vorher nicht antiamerikanisch waren, sind es einige von ihnen spätestens jetzt.

Wie viel größer dürften diese Effekte sein, wenn Unschuldige betroffen sind? Was denkt der pakistanische Ziegenhirte, dessen Familie starb, weil eine fehlgeleitete amerikanische Bombe auf eine Hochzeitsgesellschaft fiel anstatt auf ein Terroristentreffen? Oder die Mutter eines Sohnes, der in Abu Ghraib an Elektrokabel angeschlossen wurde, weil ein Nachbar ihn beschuldigt hatte, um eine offene Rechnung zu begleichen? Oder ein Bagdader Händler, dessen Viertel vor dem Einmarsch der Amerikaner friedlich war, aber jetzt von einer Explosion nach der nächsten erschüttert wird?

Jeder Schlag im amerikanischen Kampf gegen den Terror gleicht einem Stein, der ins Wasser geworfen wird und Wellen in alle Richtungen aussendet, Wellen des Hasses, der Wut, der Rachelust. Immer wächst irgendwo ein neuer Terrorist heran.

Stellen wir uns jetzt einen Islamisten vor, gegen den Thorleif Links Anti-Terror-Strategie eingesetzt wurde, zum Beispiel Jamal. Wovon wird er sein Leben lang erzählen? Von der Menschlichkeit, die Dänemark gezeigt hat. Von seiner Dankbarkeit.

Jetzt stellen wir uns auch hier die Familie vor, die Freunde und Bekannten. Jamals Vater ist nicht wütend auf Dänemark, sondern dankbar, dass er seinen Sohn zurückbekam. Dass er auf dessen Hochzeit tanzen und dessen Uni-Abschluss feiern konnte. Vermutlich sind viele dieser Menschen Dänemark verbundener als vorher. Bei Jamals Familie jedenfalls ist es so. Auch ein Schlag im dänischen Kampf gegen den Terror gleicht einem Stein, der ins Wasser geworfen wird. Auch er sendet Wellen in alle Richtungen. Wellen der Dankbarkeit und der Sympathie. Statt Terroristen wachsen treue Staatsbürger heran.

Im Jahr 2018 haben Wissenschaftler der Brown University in einer der umfangreichsten Studien, die je zum Thema gemacht wurden, Bilanz des amerikanischen Anti-Terror-Kampfes gezogen.[25] Sie heißt *Costs of War* und die Forscher rechnen darin aus, dass die amerikanischen Reaktionen auf den 11. September, die Kriege in Afghanistan und im Irak, die Anstrengungen der CIA, die Geheimgefängnisse, der Drohnenkrieg, Maßnahmen in insgesamt 76 Ländern, mindestens 5,9 Billionen Dollar gekostet haben[26] – damit hätte die US-Regierung jeder einzelnen Stadt in ihrem Land eine Elbphilharmonie bauen können.

Und was hat das gebracht? Es gibt heute vier Mal so viele sunnitische Dschihadisten auf der Welt wie am 11. September 2001.[27] Eine Korrelation oder Kausalität zwischen beiden Zahlen ist schwer nachzuweisen, dennoch kommt eine Studie des auf Sicherheitspolitik spezialisierten Rechercheinstituts *The Soufan Center* zum Ergebnis, dass nach 17 Jahren Anti-Terror-Kampf die Ergebnisse «im besten Fall gemischt» sind. Die Analysten schreiben: «Die gute Nachricht ist, dass es seit dem 11. September keinen weiteren Anschlag ähnlicher Größenordnung in den USA gegeben hat. Die schlechte Nachricht ist, dass die Ideologie, die jemanden dazu bringt, ein Flugzeug in ein Haus zu fliegen oder ein Auto in eine Menschenmenge zu steuern, in den fast zwei

Jahrzehnten des amerikanischen Anti-Terror-Krieges metas-
tasiert ist.»[28]

Jetzt, da der Kalifatshype in Syrien abgeflaut ist, der Islamische Staat sein Territorium dort verloren hat und seit ge-
raumer Zeit keine Jugendlichen aus Århus mehr ins Kriegsgebiet aufgebrochen sind, hat auch Thorleif Link Bilanz
gezogen: 36 Jugendliche waren aus seiner Stadt nach Syrien
gereist. 20 sind zurückgekommen und leben ein normales
Leben in der dänischen Gesellschaft, die meisten von ihnen
gehen einem normalen Job nach und versuchen Abstand
zwischen sich und das zu bringen, was sie als Jugendsünde
sehen. Das erzählt Thorleif Link, ein Interview geben wollte
außer Jamal keiner von ihnen. Zehn der ausgereisten Jugendlichen sind im Krieg gestorben. Sechs sind noch immer in
Syrien oder im Irak.

Viele Dutzend Islamisten, die ausreisen wollten, es aber
noch nicht getan hatten wie Jamal, wurden ebenfalls erfolgreich reintegriert. Von den Jugendlichen, die das Präventions-
programm der Polizei durchlaufen haben, ist einer gestorben.
Trotz vieler Gespräche mit einem Mentor ist dieser Junge
nach Syrien gereist und wurde dort getötet. Alle anderen leben als unauffällige Bürger in Århus.

Manchmal nimmt Thorleif Link an internationalen Konfe-
renzen teil und spricht dort über seinen Ansatz. Im Publikum sitzen oft Polizistinnen, Geheimdienstler, Politiker und
viele von ihnen schütteln den Kopf, wenn er spricht. Sie sagen dann: «Das sind Terroristen, mit denen könnt ihr doch
nicht sprechen?» Und Thorleif Link antwortet dann: «Warum
nicht? Es funktioniert.»

*

Der amerikanische Sozialpsychologe Nicholas Epley erzählt
in seinem Buch «Mindwise» von einem Camping-Ausflug
mit seinem Sohn.[29] Epley war mit dem Lagerfeuer beschäf-

tigt, während sein Sohn mit einem Taschenmesser an einem Ast herumsägte. Die Klinge rutschte ab und schnitt dem Jungen in die Handfläche. Epley stand sechs Meter entfernt und hatte den Unfall nicht gesehen, weil er seinem Sohn den Rücken zugekehrt hatte. Aber als er den Schrei hörte, wirbelte er im Bruchteil einer Sekunde herum und wusste in einem weiteren Bruchteil derselben Sekunde, was passiert war. Wie war das möglich?

Epley hat keine Superkräfte, sondern ein ganz normales Menschenhirn. Automatisch lenkte es, schon in der Drehung, seinen Blick auf die Augen seines Sohnes. Die zeigten nach unten. Epleys Blick folgte dieser Richtung und endete auf der Handfläche des Jungen. Nicht auf dem Handgelenk, nicht auf dem Daumen, nicht auf dem Zeigefinger, sondern auf der Handfläche. Epley schreibt, dass er selbst mit Zeit und einem Winkelmesser nicht in der Lage wäre, einen Winkel korrekt zu bestimmen. Aber in dieser Situation schaffte es sein Hirn in kürzester Zeit ohne Anstrengung, den Blickwinkel seines Sohnes auf eine Dezimalstelle genau zu erfassen.

Die Sekunde war immer noch nicht komplett, da zuckte Epley zusammen, als ob er sich selbst in die Hand geschnitten hätte. Sein Körper spürte den Schmerz des Jungen. Auch das ist keine Superkraft, sondern völlig normal. Es gibt Situationen, in denen synchronisieren wir unsere Körper mit denen anderer Menschen. Haben Sie schon mal versucht, nicht zurückzulächeln, wenn Sie jemand anlächelt? Nicht zurückzuwinken, wenn Ihnen jemand zuwinkt? Nicht zu gähnen, wenn jemand neben Ihnen gähnt? Oder ganz still zu stehen, wenn um sie herum auf einem Rockkonzert tausende Menschen tanzen? Ich wette, wenn Sie mal eine Sekunde die Augen schließen und sich in eine solche Situation hineinversetzen, wird Ihnen schon der Gedanke Unbehagen bereiten.

Das geht so weit, schreibt Epley, der die Fußballmannschaft seines Sohnes trainiert, dass er an der Seitenlinie Abstand halten muss zu anderen Menschen, weil er manchmal, wenn einer seiner Spieler auf dem Feld zum Schuss ansetzt, ebenfalls ausholt. Wenn ein Spieler gefoult wird, dann spürt auch der Trainer Schmerz. Man nennt das Limbische Synchronität. Sie ist tief in unserer Biologie verankert.

Im Bauch synchronisieren Babys beispielsweise ihren Herzschlag mit dem der Mutter. Wenn wir einen Menschen mögen, spiegeln wir seine Körperhaltung. In der Regel merken wir das nicht mal. Dafür verantwortlich sind sogenannte Spiegelneuronen, Nervenzellen im Hirn, die der italienische Forscher Giacomo Rizzolatti 1992 erstmals bei Makaken beschrieb. Rizzolatti hatte bemerkt, dass im Hirn der Tiere die Neuronen auf dieselbe Weise feuerten, egal, ob die Affen selbst nach einer Erdnuss griffen oder ob sie einen anderen Affen nach einer Erdnuss greifen sahen. Später wurden diese Zellen auch bei Menschen entdeckt.[30]

In einem Moment wie ihn Epley mit seinem Sohn beim Campen erlebt hat, synchronisieren sich erst die Augen, dann die Körper – und dann der Geist. Menschen fühlen dann gleich. In diesem Fall Schmerz. Geht der Schuss seines Spielers ins Tor, Freude. Geht er daneben, Enttäuschung. Das nennt man Empathie.

Empathie stellt sich oft automatisch ein, wenn Menschen nah genug beieinander sind. Wenn Rosi auf die Badewanne zeigt, spürt Christa Hermes, wie schwielig die Hände werden, wenn man darin Wäsche wäscht. Wenn Gerold Huber sieht, wie eine Frau Einkaufstüten die Landstraße entlangschleppt, fühlt er ihre Angestrengtheit. Wenn Sven Krüger seinen palästinensischen Mithäftling beim Bankdrücken ohne Hilfestellung beobachtet, kann er nicht anders, als sich mit ihm zu ängstigen.

Dieser Mechanismus ist so mächtig, dass sich ihm selbst professionelle Feinde nur schwer entziehen können. Soldaten fällt es leicht, aus großer Distanz auf einen Gegner zu schießen. Dann sehen sie nur eine Silhouette, eine Standarte, eine Uniform. Steht der Feind nah vor ihnen, fällt es ihnen schwer. Dann sehen sie ein Gesicht, Augen, die Angst darin. Sie sehen keinen Feind, sondern einen Menschen.

Im Amerikanischen Bürgerkrieg kämpften die gegnerischen Soldaten durchschnittlich zehn Meter voneinander entfernt. Angesichts der Treffsicherheit am Schießstand hätte ein Regiment durchschnittlich mehr als 500 Feinde pro Minute erschießen müssen. Es waren nicht mal zwei. Die Franzosen töteten 1870 bei Weißenburg mit 48000 Kugeln nur 404 Deutsche, rechnet der Militärpsychologe Dave Grossman vor.[31] Amerikanische Soldaten schossen sechs Jahre später 25000 Kugeln auf heranrückende Indigene ab – und töteten 99. Im Zweiten Weltkrieg feuerte laut Umfragen nur jeder fünfte Soldat im Nahkampf sein Gewehr ab.[32]

Der Schriftsteller George Orwell, der im Spanischen Bürgerkrieg gekämpft hat, beschrieb ein ähnliches Erlebnis: «Ein Mann, wahrscheinlich ein Bote mit einer Nachricht, sprang aus dem Schützengraben und rannte in bester Sicht auf dem Wall entlang. Er war nur halb bekleidet und hielt mit beiden Händen seine Hose fest. Ich habe nicht auf ihn geschossen. Ich war gekommen, um Faschisten zu töten, aber ein Mann, der seine Hose festhält, ist kein Faschist, er ist offenkundig ein Mensch, wie du selbst.»[33]

Das ist, sehr reduziert, die eigentliche Macht von Kontakt. In vielen von uns aktiviert körperliche Nähe unsere Empathie und die reißt dem Gegenüber all die Etiketten vom Leib, die wir vorher aus der Ferne angebracht haben. «Feind», «Roma», «Flüchtling», «Kanake», all das verliert seine Bedeutung, bis nur noch eins übrig ist: ein Mensch.

Moderne Armeen trainieren ihren Soldaten diese natürliche Empathie ab, weil sie hinderlich ist beim Töten. Umgekehrt ist es auch möglich, sich diese Empathie anzutrainieren, wo sie fehlt – zum Beispiel, wenn keine Nähe möglich ist.

Für dieses Buch sprach ich mit einem Wissenschaftler, der manchmal für Fachzeitschriften Artikel von Kollegen begutachtet. Er ist ein emotionaler Mensch, und wenn ihm ein Text nicht gefällt, macht ihn das wütend. Schriebe er sein Gutachten sofort, würde er sich manchmal im Ton vergreifen. Aber das macht er nicht. Stattdessen tippt er den Namen des Autors in die Google-Suchmaske und schaut sich dessen Profilseite an der jeweiligen Universität an. Dort gibt es meistens ein Foto. Das betrachtet er eine Weile. Dann liest er den Lebenslauf. Manchmal steht dort, wo der Kollege geboren wurde, an welcher Schule er Abitur gemacht hat oder ob er Kinder hat. Plötzlich wird aus dem Autor, der einen schlechten Artikel geschrieben hat, ein Mensch. Der Wissenschaftler zwingt sich, Empathie aufzubauen, und der Ton seines Gutachtens mäßigt sich.

Andere Menschen setzen Empathie als Werkzeug ein, wenn es ihnen nützt. Zum Beispiel in Vorstellungsgesprächen. Manche Bewerber lächeln bewusst viel, weil sie wissen, dass auch der Personaler auf der anderen Seite des Tisches Spiegelneuronen hat, die dafür sorgen werden, dass er mitlächelt. Er wird dadurch bessere Laune bekommen. Der Bewerber dreht damit den Mechanismus um, der einen Ehekrach so schnell eskalieren lässt. Einer fängt an zu schreien. Der andere schreit zurück. Auch da feuern Spiegelneuronen.

Genauso funktionierte der amerikanische Anti-Terror-Kampf. Du fügst jemandem Schmerzen zu, also wird er dir auch Schmerzen zufügen. Du demütigst jemanden, also wird er dich demütigen. Thorleif Link hat es gemacht wie der Bewerber im Vorstellungsgespräch. Er hat das einfach umgedreht. Er hat einen der grundlegendsten menschlichen Mechanismen auf die Terrorismusbekämpfung angewandt. Thorleif Link hat gelächelt. Jamal hat zurückgelächelt.

Ohne je von limbischer Synchronität gehört zu haben, sagt Jamal, als ich ihn interviewe: «Du kannst nicht wütend auf jemanden sein, der lächelt.»

Im Café legte Erhan Kilic seine Jacke auf einen Stuhl, Jamal machte es nach. Kilic bestellte Waffeln. Jamal ebenso.

Kilic aß mit Messer und Gabel. Jamal auch. Sie synchronisierten ihre Körper. Hätte man die beiden in dieser Situation in einen Hirnscanner gelegt, ihre Spiegelneuronen hätten wahrscheinlich ordentlich gefeuert.

So gewinnt man Menschen für sich. *Winning hearts and minds.* Im Irak sind die Amerikaner damit gescheitert. In Århus hat es geklappt. Die Polizisten in Århus haben es geschafft, mit gezielter Empathie die radikalsten Gegner der Gesellschaft zu besiegen. Aber sie sind nicht die Ersten, die das geschafft haben. Es gibt noch einen Fall. Einen, der etwas offenbart, was in Dänemark verborgen blieb: Wer die Empathie-Waffe einsetzt, ändert nicht nur seinen Feind, sondern vielleicht auch sich selbst.

*

Günther Dienstfertig war zwölf Jahre alt, als er mit seiner Familie Breslau verließ, gerade noch rechtzeitig vor dem Krieg. Sein Vater war gut befreundet gewesen mit dem ehemaligen Reichskanzler Heinrich Brüning. Sein Onkel, der Physiker Otto Stern, erhielt später den Physiknobelpreis. Aber jetzt hörte die jüdische Familie auf ihr Gefühl und ließ alles, was sie sich in Deutschland aufgebaut hatte, zurück und fing in Amerika neu an.

Günther Dienstfertig nahm den Namen John Gunther Dean an. Er schaffte es bereits mit sechzehn nach Harvard und meldete sich, als er im Februar 1944 endlich volljährig wurde, zum Militärdienst. Seine neue Heimat, die USA, kämpfte gegen seine alte Heimat, Deutschland, und er wollte helfen, die Nazis, die ihm und seiner Familie so viel genommen hatten, zu besiegen.

Während seiner Grundausbildung bekam er einen Anruf aus dem Pentagon. «Sprechen Sie Deutsch?», fragte die Stimme auf Deutsch. «Ja, ich spreche Deutsch», antwortete Dean mit schlesischem Akzent. Als seine Ausbildung abgeschlossen war, trat seine Einheit auf dem Appellplatz an und salutierte. Ein Offizier bellte Namen und ein Soldat nach dem anderen trat einen Schritt nach vorn und marschierte ab. Bis nur noch einer übrig war – John Gunther Dean.

Er bekam einen Sonderbefehl. Während seine Kameraden in Frankreich die Truppen verstärkten, die bei der Landung in der Normandie heftige Verluste erlitten hatten, fuhr Dean nach Alexandria, eine Kleinstadt außerhalb von Washington D. C. Dort, so erinnert er sich, betrat er an der Ecke Queen Street und Main Street eine Telefonzelle vor einem Drogeriegeschäft und wählte eine Nummer. Ein Auto holte ihn ab und brachte ihn nach Süden, raus aus der Stadt, links und rechts nur Wälder.

Es dauerte nicht lange, da bog der Fahrer links in eine schmale Einfahrt. Ein Schlagbaum. Zwei Wachen. Was sich dahinter verbarg, war von der Straße aus nicht einsehbar wegen der vielen Bäume. Aber jetzt sah Dean Militärbaracken auf weitläufigen Wiesen. Verstreut zwischen schattenspendenden Bäumen standen mehrere Holzhütten. Es gab einen Pool und einen Tennisplatz. Es sah aus wie in einem Ferienlager.

Auf drei Seiten war das Camp umzäunt. An der vierten floss träge und grau der Potomac vorbei. Wenn Dean ans Ufer trat, sah er, etwas weiter nördlich, die Spitze des Washington Monuments in den Himmel ragen. Was war dies für ein Ort?

John Gunther Dean empfängt mich im Herbst 2016 in seiner Wohnung im noblen 16. Arrondissement in Paris, wo er mit seiner Frau, einer reichen Französin, lebt. Er ist mittlerweile neunzig Jahre alt und sitzt in einem goldbestickten Sessel am Fenster, eine Wolldecke über den Beinen. Auf einer Kommode stehen Bilder, die ihn zeigen mit Richard Nixon, mit Jimmy Carter, mit George Bush senior. Dean war amerikanischer Botschafter in fünf Ländern, aber seine Karriere, sagt er, habe in diesem Camp am Potomac begonnen, das so geheim war, dass es nicht mal einen Namen hatte. Die Soldaten nannten es Eleven Forty-Two, nach dem Postfach 1142 im nächsten Dorf, wo ihre Korrespondenz ankam.

In Eleven Forty-Two verhörten die USA die wichtigsten deutschen Kriegsgefangenen. Wenn sie an der Front in Europa einen Offizier, einen SS-Mann, gar einen General gefangen nahmen, der Informationen über Truppenstärken, Befehlsketten oder den Standort deutscher Waffenfabriken hatte, dann brachten sie ihn hierher. Reinhard Gehlen zum Beispiel, Generalmajor der Wehrmacht und Chef von Hitlers Ost-Spionage. Hasso von Manteuffel, Generalleutnant der Wehrmacht. Oder Gustav Hilger, Hitlers führenden Russlandexperten.

Um sie verhören zu können, brauchten die USA Verhörer, die Deutsch sprachen. Also durchkämmten sie die eigenen Streitkräfte, um welche zu finden. In North Carolina stieß ein Artillerieoffizier auf einen 19-jährigen Soldaten. «Ich habe gehört, Sie sprechen Deutsch? Sagen Sie mal was.» «Wer reitet so spät durch Nacht und Wind? Es ist der Vater mit seinem …» «Okay, reicht, ich habe einen Job für Sie.» In Texas stießen sie auf einen jungen Panzerfahrer, der seiner Einheit manchmal die Zeitung vorlas, mit starkem deutschem Akzent. In Virginia stießen sie auf John Gunther Dean.

Überall im Land fand die Army junge Kerle, die nicht nur ein bisschen Deutsch sprachen, sondern perfekt. Die sogar Schwäbisch, Sächsisch, Bairisch, Wienerisch oder Schlesisch beherrschten – einfach weil sie in den entsprechenden Regionen aufgewachsen waren. Die Army war auf viele Juden gestoßen, die vor den Nazis geflohen waren und jetzt, im Dienste der amerikanischen Armee, darauf brannten, es ihnen heimzuzahlen. Aber anstatt sie an die europäische Front zu schicken, bekamen sie den Befehl, sich in Eleven Forty-Two einzufinden.

Die Feinde waren aus Europa zu ihnen gekommen, hier in dieses Camp, als Gefangene. Es war, als ob das US-Militär das perfekte Rache-Drama inszenierte. In der Idylle der amerikanischen Ostküste, friedlich und grün, dem Getöse des Krieges entrückt, drehte sich das Verhältnis von Macht und Ohnmacht um. Die einst allmächtigen Nazis waren auf einmal den einst so machtlosen Juden ausgeliefert. 3451 Gefangene. 3451 Gelegenheiten, sich zu rächen – zu schießen, zu prügeln, zu quälen.

Doch die jungen Soldaten hatten ein Heftchen bekommen, klein genug für die Uniformtasche. Der Vernehmungsspezialist Sanford Griffith hatte darin die Regeln für ein erfolgreiches Verhör niedergeschrieben. Griffith hatte schon im Ersten Weltkrieg deutsche Gefangene vernommen und seine wichtigste Regel lautete: freundlich sein. Nicht drohen. Nicht schlagen. Nicht foltern. Nicht nur, weil dies dem Völkerrecht entsprach, sondern vor allem: weil es funktionierte.

Griffith schrieb, dass Menschen zeigen wollten, wie viel sie wüssten. Für Deutsche gelte das besonders. Sie hätten einen *schoolteacher urge*, einen Lehrer-Impuls. «Deutsche Kriegsgefangene werden versuchen, uns zu belehren», schrieb er. Man solle beim Verhör die Rolle des dummen Schülers spielen. Griffith verlangte von den jungen Verhörern, alle bisherigen Gedanken, die sie über Nazis gehabt hatten, zu löschen. Den Rassenhass, die Demütigungen, die Trauer um Angehörige. Ihre Aufgabe sei es, schrieb er, eine positive Beziehung zu einem Gefangenen aufzubauen. «Wir müssen ihm schmeicheln, ihn hofieren, irritieren, umgarnen und einlullen.»

John Gunther Dean hatte Verwandte in Europa. Möglich, dass die Nazis sie bereits in Konzentrationslagern vergast hatten. Und er sollte diesen Typen schmeicheln? Sie hofieren und umgarnen?

Zunächst wurde Dean dem Überwachungsteam zugeteilt. Er saß in einem fensterlosen Raum und lauschte in seine Kopfhörer hinein. Die wichtigsten Gefangenen wohnten zu zweit in Holzhütten. Zwei Zimmer, Küche, Bad. Die Soldaten nannten sie «Villen». Auch das war Teil von Griffiths Philosophie. Je besser es den Gefangenen ging, desto eher kooperierten sie. In die Decken der Hütten hatten die Amerikaner riesige Mikrofone eingebaut. Wenn sie miteinander sprachen, hörten Dean und seine Kameraden zu. Manchmal verhörten seine Kollegen Gefangene, während sie mit ihnen Tischtennis spielten oder Schach. Auch dann hörte er zu.

Die Vernehmungs- und Abhörprotokolle, die Dean und seine Kollegen damals anfertigten, liegen heute im amerikanischen Nationalarchiv in Maryland. Als ich sie las, war ich verblüfft, wie kooperativ die meisten deutschen Gefangenen waren. Sie schwärmten im privaten Gespräch von den freundlichen Amerikanern. Sie zeichneten freimütig Karten von Rüstungsfabriken und informierten die Verhörer über die Tauchtiefe deutscher U-Boote. Einer verriet die Lage einer Hamburger Werft, die daraufhin zerstört wurde.

Die Strategie des Umschmeichelns, Hofierens, Umgarnens, sie funktionierte. Aber sie brachte auch surreale Szenen hervor: jungenhafte jüdische Amerikaner, von denen sich viele noch als Deutsche fühlten, und Offiziere der Wehrmacht im angeregten Gespräch. An Sommertagen schwammen sie miteinander im Pool. Abends gingen sie ins Camp-Kino.

Ich habe sechs Eleven Forty-Two-Veteranen interviewt und zwei Dutzend historische Interviews mit inzwischen Verstorbenen gesichtet. Auf die Frage, ob es ihnen damals schwergefallen sei, ihren Hass zu unterdrücken, antworteten viele fast wortgleich, auch John Gunther Dean: Als Soldat tust du, was dir befohlen wird.

Genauso hatten die deutschen Soldaten ihr Handeln gerechtfertigt. Der Befehl lautet, Gefangene zu erschießen? Dann erschießt du Gefangene. Der Befehl lautet, Juden zu vergasen? Dann vergast du Juden.

Befehl und Gehorsam – der Mechanismus funktionierte in beide Richtungen. In Deutschland unterdrückte er die

Menschlichkeit zugunsten unvorstellbarer Barbarei. In Eleven Forty-Two unterdrückte er den Rache-Impuls zugunsten unerwarteter Menschlichkeit.

Die amerikanischen Soldaten machten in Eleven Forty-Two etwas ganz Ähnliches wie viele Jahre später der dänische Polizist Thorleif Link. Indem sie räumliche Nähe mit ihren Feinden herstellten, sogar manchmal mit ihnen schwimmen gingen, zwangen sie sie zum Kontakt und erschufen so eine Atmosphäre der Empathie. Hätte es damals schon Hirnscanner gegeben, in diesem Camp in Virginia hätten sie wohl aktive Spiegelneuronen nachweisen können.

Diese Strategie funktionierte so gut, dass man im Gespräch mit den Veteranen den Eindruck bekommt, dass die Zäune ums Camp gar nicht nötig gewesen wären. Auch in den Dokumenten im Nationalarchiv muss man lange suchen, bis man auf Zwang und Gewalt in Eleven Forty-Two stößt. Ein einziger Gefangener starb, als er versuchte zu fliehen und in den elektrischen Zaun lief. Einmal gaukelten Soldaten einem Deutschen vor, sie würden ihn vergasen, indem sie seine Tür verschlossen und mit einem Ventilator Staub in den Raum bliesen. Andere versuchten, einen deutschen U-Boot-Fahrer zum Reden zu bringen, indem sie ihm Kokain spritzten. Einen Japaner versuchten sie abzufüllen. Beides scheiterte.

All das waren die Ausnahmen. In der Regel schafften die Soldaten, was ihre Nachfolger sechzig Jahre später im Irak vergeblich versuchten – sie gewannen deren *hearts and minds*. Aber spätestens in der letzten Kriegsphase galt das plötzlich auch umgekehrt.

Zunächst änderte sich im Frühjahr und Sommer 1945 die Mission im Camp. Es ging nicht mehr darum, den Krieg zu gewinnen. Das hatten die Amerikaner geschafft. Jetzt ging es um den nächsten großen Konflikt, der sich bereits abzeichnete. Den gegen die Sowjetunion. Und weil in diesem Konflikt Technik und Wissen – zwei Gebiete, auf denen Nazi-Deutschland führend war – eine entscheidende Rolle spielen konnten, waren die gefangenen Nazis auf einmal von Feinden zu potenziellen Verbündeten geworden. Das bedeutete: John Gunther Dean bekam eine neue Aufgabe.

Als sogenannter Moraloffizier musste er jetzt dafür sorgen, dass es den hochrangigen Gefangenen an nichts fehlte – zum Beispiel Gustav Hilger. Die Amerikaner hatten Hilger, vielleicht den wichtigsten Russlandexperten des Dritten Reiches, im Mai 1945 bei Salzburg gefangen genommen. Auf dem berühmten Foto von der Unterzeichnung des Hitler-Stalin-Paktes steht Hilger im Hintergrund. Er war ein enger Berater des NS-Außenministers Joachim von Ribbentrop gewesen. Er hatte für Hitler übersetzt. Er kannte Stalin, er kannte Molotov – und jetzt war er mit all seinem Wissen hier in Eleven Forty-Two.

John Gunther Dean saß häufig mit Hilger in der Sonne. Manchmal lasen sie Zeitung. Manchmal nahm er ihn auch mit nach Alexandria. Dort gab es ein Café, das guten Kuchen buk. Beim Kaffee sprachen sie dann über die Sowjetunion. «Amerika wusste damals nichts über Russland», erinnert sich Dean, «wirklich nichts.» Aber jetzt war da dieser Hilger, der fließend Russisch sprach, zwischen mehreren Phasen des Kommunismus zu unterscheiden wusste, die russischen Literaten und Historiker gelesen hatte und viele Intellektuelle und Politiker persönlich kannte, weil er über vierzig Jahre in der Sowjetunion gelebt hatte. «Wenn Hilger erzählte, war nichts schwarz oder weiß. Alles war grau», sagt Dean. «Hilger hat unsere Augen geöffnet, was Russland angeht.»

Dean war beeindruckt von Hilger, der tiefgläubig war und hochgebildet. Der geschliffenes Deutsch sprach und elegantes Französisch, aber kein Wort Englisch. Hilger erzählte, dass sein Sohn in Stalingrad gestorben war, und Dean erschrak vor sich selbst, als er Mitleid empfand. Ohne es zu merken, hatte er Sympathie entwickelt für diesen Mann.

Im Sommer 1945 wurden so viele Gefangene hergebracht, dass Eleven Forty-Two mehr Personal brauchte. Am 6. Juni kam ein Mann namens Arno Mayer an, ein kleiner, vorlauter

Kerl, gerade 19 Jahre alt. Auch er stammte ursprünglich aus Europa, aus Luxemburg. Auch er war Jude und vor den Nazis geflohen. Auch er hatte, wie John Gunther Dean, Verwandte im Holocaust verloren und auch er musste jetzt als Moraloffizier nett zu jenen sein, die Schuld auf sich geladen hatten. Er hatte gleich viel zu tun.

Kurz zuvor hatte sich im Atlantik ein deutsches U-Boot ergeben, das Hitler persönlich auf den Weg nach Japan geschickt hatte. U-234 war vollgepackt mit deutscher Kriegstechnik – V2-Motoren, eine Messerschmitt 262 in Einzelteilen, 560 Kilogramm Uranoxid. Die Amerikaner schleppten das U-Boot in den Hafen von Portsmouth in Neuengland und brachten die Crew nach Eleven Forty-Two. John Gunther Dean und sein junger Kollege Arno Mayer bekamen jeweils einen neuen «Kunden», wie sie ihre Gefangenen manchmal nannten.

Der junge Mayer kümmerte sich um den Luftwaffengeneral Ulrich Kessler, der an Bord des U-Bootes gewesen war, weil er Militärattaché an der deutschen Botschaft in Tokio hatte werden sollen. Jetzt bezog Kessler Quartier in der «Villa» mit dem Kürzel T-250, die er sich teilte mit einem ehemaligen Untergebenen, dem Luftwaffenoffizier Heinrich Aschenbrenner. Mayer brachte ihnen Zeitschriften, Whiskey, Sandwiches.

Tagsüber spielten Kessler und Aschenbrenner Tischtennis oder saßen auf der Veranda in der Sonne. Bevor sie zu Bett gingen, sangen sie manchmal deutsche Volkslieder. Oft sprachen sie vom Krieg. Wenn Mayer dabei war, notierte er danach den Inhalt. Wenn er nicht dabei war, hörte jemand im fensterlosen Raum zu. Die Protokolle füllen heute ganze Archivboxen.

«K: (Jemand) sagte mir, er wäre mit der Panzerarmee Kleist nach Mariupol gekommen, und die Leute hätten sie gegrüßt mit Obst und Blumen usw. und 2 Tage später kam eine SS Einheit und hat 60 000 Leute in 3 Tagen erschossen, mit Panzern. Weil sie Juden waren, oder weiß der Teufel was.

A.: Also, Herr Kessler …

K.: Warum sagen Sie immer Herr Kessler?

A.: Also, Herr von Kessler. Also, diese Judensache ist doch, etwas Dümmeres konnte dieses Schwein, dieser Hitler oder dieser Himmler nun wirklich nicht …

K.: … der Hitler war das!

A.: Sie meinen das hat der Hitler gemacht?

K.: Aber nur.»

John Gunther Deans «Kunde» von U-234 war einer von Hitlers wichtigsten Wissenschaftlern – der Ingenieur Heinz Schlicke, der mit Wernher von Braun an der Wunderrakete V2 gearbeitet hatte. Zunächst weigerte sich Schlicke, mit den Amerikanern zu kooperieren. Dean machte mit ihm Sport. Er nahm ihn mit in sein Lieblingscafé. Nach einer Weile öffnete sich der Deutsche. Fast täglich rollte daraufhin ein Wagen aus dem Lager, meistens um die Mittagszeit, und fuhr den Wissenschaftler fünfzehn Kilometer nach Norden zum Pentagon, wo er Vorträge hielt über Radar- oder Infrarottechnik.

John Gunther Dean sagt heute: «Ich habe damals etwas gelernt: Wenn du jemanden von deiner Sichtweise überzeugen willst, dann musst du mit ihm reden.» Wie zu Hilger entwickelte Dean auch zu Schlicke ein gutes Verhältnis. Ein so gutes sogar, erzählt er, dass er nach Deutschland gereist sei, um in einer Undercover-Mission Schlickes Frau und seine zwei Kinder aus der britischen Zone herauszuholen. Dean erinnert sich daran, dass sich die Familie auf einem Bauernhof in England wiedersah. Und daran, dass er, um den Eltern ein bisschen Zweisamkeit im Heuschober zu gewähren, auf die Kinder aufpasste. Dean sagt über Schlicke: «Er war ein guter Nazi.»

Guter Nazi. Zwei Wörter, die sich abzustoßen scheinen wie zwei gleiche Pole. Dean spricht sie dennoch aus, mit provokanter Leichtigkeit. Zwei Wörter, die beweisen, dass die

Empathie-Waffe, die die USA einsetzten, nicht nur die deutschen Gefangenen veränderte, die immer kooperativer wurden. Sie veränderte auch die amerikanischen Soldaten, die durch all ihre Abscheu, ihren Hass hindurch auf einmal nicht nur Monster vor sich sahen, sondern Menschen, in all ihrer Komplexität und Widersprüchlichkeit.

Hundertfach vollzog sich eine Version dieser Geschichte in Eleven Forty-Two und später auch in einem zweiten, ganz ähnlichen Camp vor den Toren Bostons, Fort Strong. 1600 deutsche Wissenschaftler brachten die USA ins Land, unter ihnen viele Kriegsverbrecher. Zum Beispiel den SS-Hauptsturmführer, den Hitler mit dem Ritterkreuz hatte auszeichnen lassen, dem höchsten Orden, den das nationalsozialistische Deutschland zu vergeben hatte – den Raketeningenieur Wernher von Braun. Als er in den USA ankam, empfing ihn der junge Arno Mayer.

Mayer kümmerte sich um von Braun, wie er sich um Kessler gekümmert hatte. Einmal fuhr er ihn sogar in ein Kaufhaus, damit der Deutsche seiner Frau Unterwäsche zu Weihnachten kaufen konnte, so erinnert sich Mayer, als ich ihn fast siebzig Jahre später in seiner Wohnung in Princeton interviewe, unweit vom Campus der berühmten Universität, an der er jahrzehntelang Geschichte gelehrt hat. Mayer zeigt mir Fotos aus der Zeit. Er mit jungenhaftem Lächeln in Eleven Forty-Two. Er hinter einem Schreibtisch. Ein Gruppenbild der jungen jüdischen Verhörer.

Unter den Aufnahmen, die er auf seinem Schreibtisch ausgebreitet hat, sind auch Fotos aus dem Jahr 2007. Damals haben sich die noch lebenden Veteranen dort versammelt, wo einst das Camp gestanden hatte. Heute ist dieser Ort ein Park, durch den Jogger in bunten Klamotten laufen, ohne zu wissen, was am Ende des Zweiten Weltkriegs hier geschehen war. Nichts erinnert an damals. Aber im Sommer 2007 stand hier eine Bühne, auf der ein Army-Mann in einer Rede den Bogen schlug von damals zu heute. Arno Mayer saß im Publikum. Genau wie John Gunther Dean. Als die Veteranen auf die Bühne gebeten wurden, um eine Ehrung zu empfangen, blieb Mayer sitzen. Aus Protest gegen die modernen amerikanischen Verhörmethoden. Kurz zuvor waren die Bilder aus dem Foltergefängnis Abu Ghraib veröffentlicht worden. Ein anderer Veteran sagte auf der Bühne: «Ich fühle mich geehrt, aber ich will klarstellen, dass ich den Irakkrieg nicht unterstütze.»

Als Arno Mayer mit 19 Jahren nach Eleven Forty-Two kam, sagt er, hätte er kotzen können, weil er diese Typen nett behandeln musste, die er mit jeder Faser seines Körpers hasste. Jetzt, am Ende seines Lebens, war er stolz darauf, dass er das geschafft hatte. «Wir waren damals menschlich, benutzten unseren Verstand und bekamen die Informationen, die wir wollten. Ich begreife nicht, wie unser Wissen verloren gehen konnte.»

Während die USA ihre Feinde am Anfang des 21. Jahrhunderts töteten oder folterten und so, in einer Spirale des Hasses, immer neue Feinde schufen, hatten Dean und Mayer ihre Feinde umarmt und sie so für die USA rekrutiert. Heinz Schlicke lebte bis zu seinem Tod 2006 in den Vereinigten Staaten. Er entwickelte unter anderem eine Technologie, die das US-Militär bis heute nutzt, um seine Flugzeuge unsichtbar zu machen für feindliche Radaranlagen. Wernher von Braun siedelte ebenfalls in die USA über, wo er die Rakete für die Mondlandung baute und zu einem Freund John F. Kennedys wurde. Er starb 1977 als amerikanischer Held.

In der Rückschau ist es schwer zu sagen, wer wen mehr veränderte – die Amerikaner die Deutschen oder die Deutschen die Amerikaner. Aber vielleicht ist das gar nicht so wichtig, kleinlich sogar. Aus amerikanischer Perspektive ist es vermutlich per se ein Gewinn, dass hier Feinde zu Freunden geworden sind, die dann jahrzehntelang am gleichen Ziel arbeiteten, nämlich dem amerikanischen Vorteil im Konflikt gegen die Sowjetunion. Grundsätzlich stellt sich aber die Frage nach der offenkundigen Schuld und der ebenso offenkundigen Straflosigkeit dieser Menschen, die ihr Leben zu Ende lebten, als ob sie nie etwas verbrochen hätten.

Als ich die Veteranen aus Eleven Forty-Two interviewe, frage ich sie: Hätte man Leute wie Wernher von Braun nicht bestrafen müssen für die Gräuel, die sie im Dritten Reich begangen oder ermöglicht haben? John Gunther Dean sagt, er habe keine Antwort darauf, aber als jemand, der sein ganzes Berufsleben lang mit Geheimdienstlern zusammengearbeitet habe, ahne er, dass diese Leute in einem Labor oder einer Werkstatt nützlicher gewesen seien als in einer Gefängniszelle. Arno Mayer sagt, ja, man hätte sie bestrafen müssen. Dass viele von ihnen davonkamen, lasse ihn heute noch manchmal wachliegen. Vor allem, weil sich beides – die Bestrafung und die Freundlichkeit, mit der man ihnen begegnete – miteinander hätte vereinbaren lassen. Von Braun hätte ja trotz Strafe ein Held werden können.

Sieben Jahrzehnte später und sechstausend Kilometer weiter östlich wendet die Polizei von Århus genau diese Doppelstrategie an. Wem Straftaten nachgewiesen werden, der geht ins Gefängnis. Und wird dort besucht von einem Mentor wie Erhan Kilic. Die Strafe ändert nichts am Lächeln, mit dem der dänische Staat diesen Menschen begegnen will. «Denn», sagt Thorleif Link, «irgendwann kommen diese Leute auch wieder raus.»

DAS LOS

Wann der Zufall die Demokratie
stabilisiert

Die beste Zeit im eher traurigen Leben des Finbarr O'Brien begann an einem Tag im Herbst 2012. Wie an jedem Arbeitstag steuerte Finbarr seinen Van die 110 Kilometer rund um das südirische Städtchen Macroom über sanfte grüne Hügel und schmale steinerne Brücken, vorbei an 540 Briefkästen. Nachdem er alle Pakete und Briefe zugestellt hatte, trank er auf dem Heimweg einen Kaffee. Er saß allein an einem Tisch, als eine Frau das Café betrat. Er kannte sie, wie er fast jeden im Ort kennt. O'Brien ist ein guter Briefträger. Einer, dem die Menschen verraten, wo sie einen Schlüssel versteckt haben, falls sie mal nicht zu Hause sind. O'Brien weiß, wer hier welche Krankheit hat, wo die Kinder studieren und welches Futter die Hunde kriegen. Von der Frau, die an diesem Tag das Café betrat, wusste er, dass sie Caroline hieß und für so etwas wie ein Meinungsforschungsinstitut arbeitete. Sie kam an seinen Tisch. «Finbarr», fragte sie, «hast du Lust, ein Jahr lang für jeweils ein Wochenende im Monat nach Dublin zu fahren, um über eine neue Verfassung für Irland zu beraten?»

Er lachte. Nein, sagte sie, sie meine das ernst. Finbarr hatte eine Ahnung, was die Verfassung war. Aber warum das Land eine neue brauchte, wusste er nicht.

Die Regierung habe sie beauftragt, Teilnehmer für eine Bürgerversammlung zu finden, sagte Caroline, ganz normale

Iren. Man müsse nichts können. Bezahlt werde man nicht. Die Reisekosten würden erstattet. Ob er Lust habe?

Wie viele westliche Demokratien steckte Irland zu dieser Zeit in einer Wirtschaftskrise, die überging in eine politische Vertrauenskrise. Viele Iren empfanden ihre Eliten und das politische System als ungerecht. Aber während andere Regierungen ihre Kritiker ignorierten und von der Macht auszuschließen versuchten, entschied sich Irland für das Gegenteil. Warum das Volk nicht mal machen lassen? Was, wenn man die Menschen mitentscheiden ließe – nicht über Kleinkram, sondern über wichtige Themen? Über eine Reform des Wahlrechts. Über die Abschaffung des Senats. Und warum nicht über eine der umstrittensten Fragen überhaupt: die Legalisierung der Homo-Ehe?

Die Verfassung verbot die gleichgeschlechtliche Ehe, und die katholische Kirche, mächtig in Irland, wollte, dass das so blieb. Aber irgendwie hatte sich der Zeitgeist weiterentwickelt, merkte auch die konservative Regierung. Man müsste sich das mal anschauen. Wenn sie das selbst tat, würde das Ergebnis irgendwem missfallen, der Kirche, den LGBTQ-Verbänden, der Opposition. Wenn aber das Volk darüber entschiede, hätte das eine unanfechtbare Legitimität.

Referenden schieden aus. Zu viele Menschen im Land waren wütend, und wenig zieht Wut mehr an als Volksabstimmungen, das wusste die Regierung in Dublin auch vier Jahre vor dem Brexit-Chaos im Nachbarland.

Also wagte Irland ein Experiment. Hundert Bürger sollten zusammenkommen, zufällig ausgewählt, aber so, dass die gesamte Gruppe repräsentativ für Irland war, Frauen und Männer, Alte und Junge, Gut- und Geringverdienende, Leute aus der Stadt und Leute vom Land. Sie sollten über all die wichtigen Themen beraten. Wissen müssten sie nichts, sie kämen als Bürger, nicht als Experten. Man würde ihnen Zeit geben und Informationen, sodass sich die Ahnungslosen bilden, die Wütenden beruhigen und die Fehlgeleiteten überzeugen lassen könnten. So würde der Zorn aus der Debatte gewaschen wie wertloses Gestein, bis nur noch Gold übrig bliebe, eine abgewogene, von Fakten gestützte, repräsentative Meinung über die Zukunft Irlands.

Könnte schiefgehen, klar. Aber es gab eine Vorsichtsmaßnahme. Die Versammlung würde nicht entscheiden können, nur empfehlen. Das Parlament würde sich nicht daran halten müssen. Ein Meinungsforschungsinstitut wurde damit beauftragt, Teilnehmer zu finden. Nur eine Änderung gab es noch. Es sollten nicht mehr hundert Bürger sein, sondern nur noch 66. Ein Drittel der Plätze sollte jetzt an Politiker gehen.

So kam es, dass wenig später, 250 Kilometer südwestlich von Dublin, im kleinen Macroom, eine Frau namens Caroline vor dem kaffeetrinkenden Briefträger Finbarr O'Brien stand, einem gedrungenen Mann mit rundem Kopf und schüchternem Lachen, der das alles erst mal für einen Scherz hielt – und absagte.

«Ich bin nicht gebildet und verstehe nichts von Politik. Bei uns auf dem Land ist das Interessanteste, wenn mal ein Pferd durchs Dorf galoppiert oder so was. Was ich in meinem Leben gemacht habe, ist Lastwagen fahren. Hängende Rinderhälften, Baumstämme, so was in der Art. Seit einigen Jahren trage ich die Post aus. Was soll ich in Dublin? Das wäre mir zu hoch, ich würde mich zum Idioten machen.»

Als ich Finbarr O'Brien Jahre später besuche, drückt er meine Hand und schaut unsicher. Bis gerade eben habe er die Sache mit dem Interview für einen Telefonstreich von irgendeinem Deutschen gehalten, sagt er. Er frage sich, warum sich jemand im Ausland für ihn interessieren solle. Auf diese Frage gibt es viele richtige Entgegnungen. Eine ist, dass in seiner Geschichte eine Antwort auf eine Frage steckt, die Menschen von Washington bis Berlin gerade quält: Wie lässt sich dem Volk wieder Vertrauen in die Politik einhauchen? Eine andere ist, dass Finbarr O'Briens Geschichte die Macht von institutionalisiertem Kontakt zeigt.

Als ihn Caroline im Café ansprach, war Finbarr die irische Version des alten, weißen, wütenden Mannes. Gut möglich, dass er für Trump gestimmt hätte, wäre er Amerikaner gewesen. Oder für die AfD, wäre er Deutscher gewesen. Er ekelte sich vor Politikern. Wie sie im Wahlkampf Sonne, Mond und Sterne vom Himmel herunter versprachen und sich nach der Wahl nicht mehr daran erinnerten! Wie sie vorher Kinderköpfe küssten und dann nicht mehr grüßten! Wie wichtig sie sich nahmen, mit ihren Abschlüssen und Buchstaben vor ihren Namen!

Caroline ließ ihre Telefonnummer da. Am Abend kassierte Finbarr einen Anschiss von seinem ältesten Sohn. «Dad», sagte der, «so eine Chance kriegst du nur einmal, außerdem kannst du nicht über Politiker schimpfen und dich bei so etwas verweigern!» Als Caroline das Telefon abhob, hoffte Finbarr, dass sie jemand anderen gefunden hatte. Hatte sie nicht.

Wenige Wochen später, an einem Tag im Dezember 2012, stieg Finbarr im Zentrum Dublins aus einem Taxi und schaute empor an der von monarchischem Glanz zeugenden Fassade von Dublin Castle. Einst residierten hier Könige. Im modernen Irland schwört in diesen Räumen der Präsident seinen Eid. An diesem Tag eröffnete der Premierminister hier die Bürgerversammlung. Finbarr hatte Angst.

Drinnen war alles riesig, Räume, Vorhänge, Lampen. Die Gemälde erzählten Geschichten, von denen er nichts wusste. Er betrat einen prunkvollen Saal, darin Stuhlreihe um Stuhlreihe. Er hätte sich gern nach hinten gesetzt, aber er hört nicht so gut. Videoaufnahmen zeigen ihn in der zweiten Reihe sitzend, ganz links außen. Er trägt ein kariertes Kurzarmhemd. Einmal, als die Kamera ins Publikum schwenkt, kratzt er sich am Kopf.

Finbarr hörte an jenem Tag dem Premierminister zu, dann einem weißbärtigen Mann, einem Ökonomen, der zum Vorsitzenden der Bürgerversammlung bestimmt worden war und der sich als Tom Arnold vorstellte. 66 Bürger, 33 Politiker und Tom Arnold, einhundert Menschen. Arnold sagte auf der Bühne, die Iren vertrauten ihren Eliten nicht mehr. Stimmt, dachte Finbarr. Arnold sagte, man sei hier, um die Demokratie zu bewahren, er zitierte den irischen Literaturnobelpreisträger Seamus Heaney und sagte: «Die Väter unserer Verfassung haben 1937 einen guten Job gemacht. Jetzt sind wir dran.» Finbarr hatte Gänsehaut.

Der Premierminister klatschte, der Parlamentspräsident, die Abgeordneten und Minister, der ganze Saal, auch Finbarr. Was in Gottes Namen machte er hier?

Einen Monat später, an einem Samstagmorgen Ende Januar 2013, betrachtete Finbarr in einem Hotel nördlich von Dublin eine Informationswand. Er fand seinen Namen. Tisch vier. Bei diesem ersten Arbeitstreffen sollte es um die Reform des Wahlrechts gehen. Dann würden sie sich Monat für Monat, Wochenende für Wochenende, durch die Themen arbeiten. Im April, drei Monate später, stand die Homo-Ehe auf dem Plan.

Finbarr betrat einen riesigen Konferenzraum, Deko in Irlandgrün, hinten standen Kameras, vorn eine Bühne, dazwischen große runde Tische. Vereinzelt saßen dort schon Menschen, Tisch vier, weit vorne, war leer. Finbarr setzte sich.

Momente später trat ein junger Mann an den Tisch. In seiner Lippe glänzten zwei Piercings, die Haare hatte er links und rechts abrasiert, nur oben standen sie steif empor. Finbarr sah, dass der Mann seine Augen geschminkt und seine Fingernägel lackiert hatte, jeden in einer anderen Farbe des Regenbogens. Finbarr dachte, dieser Mann ist schwul – und spürte in seiner Brust, wo bisher vor allem Aufregung herrschte, ein vertrautes, alles überlagerndes Gefühl aufsteigen. Panik.

«Ich dachte sofort, den schlage ich durchs Fenster. Meine Gedanken waren außer Kontrolle. In meinem Kopf war ich wieder in meinem Kinderzimmer, neun, zehn Jahre alt. So klar und deutlich, wie ich das gepiercte Gesicht des Mannes vor mir sah, erschien vor meinem inneren Auge ein anderer Mann, Krawatte, tadellos gebunden, ich roch seinen Raucheratem. Das war viele Jahre her und trotzdem wie gestern. Er war ein Freund meiner Eltern, und wenn er zu uns kam, fragten sie immer: Bleibst du über Nacht? Ich hoffte jedes Mal, er würde Nein sagen. Er sagte selten Nein. Er kam dann zu mir, etwa zwei Jahre lang, immer wieder. Ich hoffte, das Haus würde über uns zusammenstürzen und uns alle begraben.»

Der junge Finbarr ertrug den Missbrauch schweigend. Er sprach mit niemandem, aber in seinem Kinderhirn rasten die Gedanken – und sie verwoben zwei Dinge zu einem. Männer, die sich sexuell zum selben Geschlecht hingezogen fühlen. Gewalt gegen Kinder.

Finbarr schlussfolgerte: Schwule sind pädophil. Die Worte für diesen Gedanken lernte er erst später, aber in jenen Kindertagen brannte er sich in ihm fest, still und ungestört, denn Finbarr erzählte nicht mal seinen Eltern, was der Mann mit ihm machte. Da hätte er sich eine Ohrfeige abgeholt. Sie hätten ihm nicht geglaubt, der Mann sei ein Gott in ihrem Haus gewesen.

Natürlich war das alles zu viel für ihn, viel zu viel. Als Jugendlicher begann er zu trinken. Er mied Menschen, rastete aus, wenn ihn ein Mann berührte, und sei es aus Versehen. Wie das Knallen einer Autotür manche Veteranen zurück aufs Schlachtfeld katapultierte, reichte Finbarr das Gefühl von Männerhaut auf Männerhaut, und schon schlug er zu.

Als er alt genug war, fuhr er manchmal die eine Stunde nach Cork, wo der Mann angeblich lebte. Er lief dann stundenlang durch die Straßen und suchte nach ihm. Hätte ich ihn gesehen, sagt er, hätte ich ihn totgeschlagen.

Finbarr wurde Lkw-Fahrer, weil er hinterm Steuer allein

sein konnte mit sich und seinen Gedanken. Einmal, er muss etwa achtzehn gewesen sein, legte er sich einen Strick um den Hals und sprang. Wäre alles gut gegangen, sagt er, wäre er nicht hier. Aber der Strick riss und verletzte lediglich seinen Kehlkopf, seine Stimme ist seither so heiser wie die eines Trinkers nach einer durchzechten Nacht.

Später erfuhr Finbarr, dass der Mann sich umgebracht hatte. Er nahm sich vor, das Grab niederzureißen. Aber als er dann davorstand, schüttelte er nur den Kopf. Viele Jahre war auch das schon wieder her, aber in Finbarrs Kopf lebte der Mann weiter, immer irgendwie da, immerzu drohend. «Stell dir vor, du hast eine Schnittwunde am Arm, die genäht wurde. Sie juckt und juckt, und alles, was du willst, ist kratzen. Ich habe dieses Gefühl seit fünfzig Jahren an einer Stelle, an die ich nicht rankomme. Es gibt kein Türchen in meinem Hinterkopf, das ich öffnen kann, um hineinzufassen.»

Finbarr heiratete, seine Frau erfuhr nichts. Seine Söhne wurden zu Männern, sie erfuhren nichts. Jahrzehntelang bekam niemand die Gelegenheit zu korrigieren, woran er seit Kindertagen fest glaubte. Dass Schwule nur an einen Ort gehörten, sechs Fuß unter die Erde.

Er war fast fünfzig, als der giftige Gedanke zum ersten Mal angegriffen wurde. Eine Therapeutin, zu der ihn sein Arzt geschickt hatte, erklärte ihm den Unterschied zwischen Homosexualität und Pädophilie. Simpel eigentlich, aber für ihn war es eine Offenbarung.

Noch etwas brachte sie ihm bei. Wenn die Panik kommt, sagte sie, solle er sich zurücklehnen und umschauen, ganz genau umschauen. Er solle dann beschreiben, was er sieht, die Farbe der Wände, die Motive der Bilder, die Menschen im Raum, ihr Aussehen, ihre Kleidung. So, sagte sie, bringe er sich aus der Vergangenheit zurück in die Gegenwart, von einem Ort des Schmerzes an einen Ort der Sicherheit.

Er benutzte den Trick ständig. Es fühlte sich an, als habe er endlich einen Weg gefunden, sich zu kratzen, zumindest für kurzfristige Linderung zu sorgen.

So dachte Finbarr, er sei bereit, als er erfuhr, dass eines der Themen der Bürgerversammlung die Homo-Ehe sein würde. Er war sogar neugierig. Er war nie wissentlich einem Schwulen begegnet, nicht seit dem Missbrauch, und vielleicht war der Mann damals gar nicht schwul gewesen, sondern nur pädophil. Seit er den Unterschied kannte, war er sich nicht mehr sicher.

Aber dann saß Finbarr im Januar 2013 etwas verloren in diesem riesigen Hotel, in seinem Kopf die halb verstandenen Regeln des Wahlsystems, um das es an diesem ersten Arbeitswochenende nach der Eröffnungszeremonie gehen sollte, und plötzlich konnte das alles nicht egaler sein, plötzlich sah er diesen Mann, Piercing und Fingernägel und alles, und schon schwoll in seiner Brust die Panik.

Zurücklehnen, umschauen.

Großer Saal, holzvertäfelte Wände, braun-beige gemusterter Teppichboden, in den Raum strömende Menschen. Der Gepiercte setzte sich ihm gegenüber, und Finbarr musste sich sehr konzentrieren, um ihn zu ignorieren.

«Ernsthaft? Das ist der erste Typ, dem ich hier begegne? Ich sah ihn auf meine Fingernägel starren, er fühlte sich offensichtlich unwohl. Wahrscheinlich hatte ich es übertrieben mit dem Schwulen-Look. Irokesenschnitt, Eyeliner, Fingernägel, weniger hätte es auch getan. Ich guckte ihn an, er starrte in die Luft. Okay, dachte ich, Gentlemen's Agreement, du schaust mich nicht an, ich schaue dich nicht an, vorstellen müssen wir uns nicht, auf deinem Namensschild steht Finbarr O'Brien, auf meinem Chris Lyons. Bei mir lief sofort der Film ab, älterer irischer Mann, mein ganzes Leben kämpfte ich gegen solche Leute und ihre Werte, immer wieder musste ich sagen, wisst ihr, ich bin nicht pervers, ich bin ein vollwertiger Mensch. Selbst meine Mutter hielt mich für pädophil, als ich ihr mit 17 sagte, dass ich schwul bin. Nach meinem Coming-out fuhr mich mein Vater zurück zur Uni nach Cork und sagte, ich solle nicht wieder nach Hause kommen. In Cork gab es einen Pub, wo man als Schwuler feiern konnte. Davor warteten die Jungs. Sie füllten Müllsäcke mit Biergläsern und warfen sie nach uns, einmal traf mich einer so blöd, dass er mir den Hinterkopf aufschnitt, wir lachten das weg, haha, es war einfach nur traurig, Cork hatte die höchste Suizidrate unter jungen Männern im ganzen Land.»

Chris Lyons war 26, als ihm die Mutter eines Freundes, die bei einem Meinungsforschungsinstitut arbeitete, eine E-Mail schickte und fragte: Willst du da mitmachen? Seine Traurigkeit war mittlerweile in Aktivismus umgeschlagen. Irland sollte noch eine Chance bekommen, sagte er damals. Wenn er nicht in den nächsten zwei Jahren volle Rechte kriegte – er wollte heiraten und Kinder adoptieren dürfen, und diese Kinder sollten, wenn ihm etwas zustoßen sollte, Gott behüte, seinen Besitz erben –, dann würde er auswandern. Er hatte schon nach Häusern in Kanada geschaut.

«Ich fuhr nicht nach Dublin, um zu fragen: Darf ich bitte heiraten? Ich fuhr hin, um zu schreien: Geht mir verdammt noch mal aus dem Weg! Die Versammlung würde darüber entscheiden, ob ich in Irland bleiben würde. Das sollte jeder dort wissen. Dafür mussten erst mal alle erfahren, dass ich schwul bin, also zog ich mich am ersten Tag so klischeehaft an, wie ich im Alltag nie herumlaufen würde. Als ich ankam, war mein Selbstbewusstsein weg. Kaum junge Leute, viel altes Irland, ich ging durch den Saal und bekam es mit der Angst zu tun, dann fand ich meinen Tisch, und da saß Finbarr.»

Auf eine Art war die erste Person, der beide, Finbarr O'Brien und Chris Lyons, auf der Bürgerversammlung begegneten, die schlimmstmögliche. Die, die in Sekunden ihr Lebenstrauma wachrief, und das in einer Situation, in der sich beide ohnehin verletzlich fühlten. Einige Momente saßen sie einander schweigend gegenüber, dann füllte sich der Tisch.

«Neben mich setzte sich eine Frau, ich fragte sie, wer sie sei, und sie so: Wie, du weißt nicht, wer ich bin? Offensichtlich war sie eine Politikerin. Dann ging die Vorstellungsrunde los, ich weiß nicht mehr, was Finbarr sagte, aber insgesamt war mein Eindruck, dass alle viel reifer waren als ich, Erwachsene mit Karrieren und Häusern und Autos. Ich war der Welpe, der sich verirrt hatte. Als ich dran war, wusste ich nicht, was ich sagen sollte. Also sagte ich, was ich dachte: dass ich mich fehl am Platz fühlte. Dass ich Angst hatte. Gegenüber fing Finbarr heftig an zu nicken.»

«Chris sagte genau das, was ich fühlte! Bei den anderen hätte man denken können, die machen das jeden Tag. Chris und ich waren anders. Es war seltsam, er sah aus, wie ich mir einen Schwulen vorgestellt hatte, aber was er sagte, war so ehrlich und wahr.»

«Ich konnte sehen, wie meine Worte bei Finbarr verfingen, also redete ich weiter, sagte, ich wisse nicht, warum ich hier sei, zwischen all diesen wichtigen Menschen. Er wäre fast über den Tisch gekommen, so sehr war er meiner Meinung. Dann sagte er: ‹Mir geht es genau wie Chris.› Das war einer der Aha-Momente meines Lebens. Da beschloss ich, okay, ich verbringe die Wochenenden hier mit Finbarr. Mir egal, dass er homophob ist. Darum kümmere ich mich später.»

Auf eine Art war die erste Person, der beide, Finbarr O'Brien und Chris Lyons, auf der Bürgerversammlung begegneten, auch die bestmögliche, nur dass es beide noch nicht wussten. In der ersten Teepause machten sie Smalltalk. Beim Mittagessen saßen sie nebeneinander. Beim Abendessen lachten sie über die Geschichte vom Nachmittag, als es um das Wahlrecht ging und Experten Vorträge hielten mit komplizierten Formeln und Graphen und der Moderator irgendwann von der Bühne fragte, ob das alle verstanden hätten, und sich im Saal eine Hand hob, Finbarr O'Briens Hand, und er sagte, nein, er verstehe weniger als vorher, und der Moderator antwortete, kein Problem, man könne nur so schnell sein wie das langsamste Pferd im Stall, was Finbarr sympathisch weglachte, und dann haben sie es noch mal erklärt, worüber Chris froh war, denn in Wahrheit hatte er auch nicht alles verstanden.

Abends tranken sie Bier an der Bar. Finbarrs Angst ging nicht weg, nicht ganz, aber er spürte, wie sich die Worte seiner Therapeutin mit Realität füllten. Immer wieder überraschte ihn der Unterschied zwischen Chris' Äußerem, das genau seiner Erwartung entsprach, und Chris' Art, die ganz anders war, als er sich Schwule immer vorgestellt hatte, so normal.

An den Versammlungswochenenden redeten Finbarr und Chris bis nachts, über Finbarrs Enkel, über Chris' IT-Job, über die Themen, die anstanden. Soll die Amtszeit des Präsidenten auf fünf Jahre gesenkt werden? Oder das Alter für Wahlberechtigte von 18 auf 17? Zu Beginn sprachen sie auch oft über die Politiker in der Versammlung, darüber, dass es beim Essen Tische gab, an denen sie unter sich blieben.

Eigentlich waren sie hier ja alle Politiker, Tom Arnold hatte als Vorsitzender eine besondere Rolle, aber die übrigen 99 waren gleichberechtigt, egal, ob Senator oder Briefträger. Nur verhielten sich die 33 anders als die 66. Finbarr wäre nicht auf die Idee gekommen, sich wie diese Politikerin das Mikro zu greifen und minutenlang zu reden, ohne irgendetwas zu sagen. Es war bizarr, alle hörten ihr zu, dann setzte sie sich wieder, und es ging weiter, als sei nichts geschehen. Es schien ihr nicht darum zu gehen, die Debatte voranzutreiben. Was sie zu suchen schien, war Sichtbarkeit.

Sichtbarkeit hätte Finbarr nicht egaler sein können. Er fragte, wenn er etwas nicht verstand, und antwortete, wenn er gefragt wurde. Er wollte dem Thema gerecht werden, und wenn er das schweigend tun konnte, umso besser. Aber je länger die Versammlung dauerte, desto mehr verwischte der Unterschied zwischen den 33 und den 66. Beim Essen mischten sich die Gruppen. Manchmal fuhr Chris mit einer Politikerin Zug, und sie unterhielten sich nett.

Mit der Zeit veränderten sich auch die Gespräche zwischen Finbarr und Chris – sie wurden persönlicher. Chris erzählte von seinem Coming-out, davon, dass seine Mutter ihn für pädophil hielt und die einzige Sorge seines Vaters die Geheimhaltung war, während Chris es stolz in alle Welt hinausschreien wollte.

Finbarr merkte, dass er einem weiteren Fehlschluss aufgesessen war, einem, an dem auch die Gespräche mit seiner Therapeutin nichts geändert hatten. Wenn er an Homosexualität dachte, entstanden in seinem Kopf sofort Bilder von Männern, die Dinge miteinander taten, die ihn anekelten. Homosexualität war für ihn Sexualität. Aber jetzt verstand er, dass es nicht in erster Linie um Sex geht, sondern um Liebe, um Familie, um Alltag. Und Chris spürte, dass auch Finbarr noch etwas loswerden wollte.

«Immer wieder fing er mit unserem Kennenlernen an, Chris, weißt du noch, am ersten Tag? Ich wusste gar nicht, wo ich hingucken sollte … Irgendwann verstand ich, dass er gedanklich immer wieder in diese Situation zurückkehrte, weil er noch etwas zu sagen hatte. So war es dann auch, das Gespräch begann wie immer, aber dann redete er einfach weiter. Er erzählte nicht alles, aber genug, dass ich verstand.»

Bei den anderen Mitgliedern der Versammlung wurde die Freundschaft zwischen dem jungen Schwulen, dessen Frisur jeden Monat eine neue Farbe und Form annahm, und dem alten Briefträger zu einer Geschichte, die man sich erzählte. Mittlerweile war Chris gar nicht mehr so pessimistisch, was die Abstimmung über die Homo-Ehe anging. Finbarr hatte er ziemlich sicher überzeugt, dachte er. Dann wird das doch auch bei anderen geklappt haben.

Im April 2013 ging es dann um die Homo-Ehe, am Samstag wurde beraten, am Sonntag sollte abgestimmt werden.

Finbarr saß an diesem Wochenende ziemlich weit vorn, Chris einige Tische weiter. Auf der Bühne referierten Experten und Lobbyisten über Kindeswohl und Adoptionsrecht, Biologie und Theologie. Hinten im Saal saßen Journalisten vor ihren Laptops und tippten.

Eigentlich war diese Versammlung nichts anderes als ein Parlament, eine Volksvertretung, nur dass sie nicht gewählt, sondern vom Zufall bestimmt worden war. Dennoch konnte der Unterschied kaum größer sein. Niemand daddelte am Handy rum, kaum jemand redete mit dem Nachbarn, einige machten sich Notizen. Es gab kein Geschrei. Kein rhetorisches Theater. Keinen ritualisierten Austausch vorher festgelegter Standpunkte. Die Bürger gehörten keiner Partei an, die ihnen sagte, welche Meinung sie vertreten sollten. Jeder kämpfte allein mit sich und seinen Gedanken, es gab Leute, die änderten an einem Tag drei Mal ihre Meinung, weil sie nacheinander drei Argumente hörten, die sie überzeugten. Mehr Wortmeldungen endeten mit Frage- als mit Ausrufezeichen.

Als ich einmal im Dubliner Konferenzraum zwischen meinen irischen Kollegen saß und die Bürger bei der Arbeit beobachtete, wurde ich demütig. Hier saßen nicht diese Profi-Anzug-Aktentaschen-Typen, hier saß das tatsächliche Irland, menschgewordene Normalität. Zu große und zu kleine Anzüge, länger schon nicht mehr getragen. T-Shirts und Turnschuhe. Klobige Brillen und toupierte Haare. Durch den Raum flirrten singende, schwer verständliche Provinz-Akzente. An den Tischen begegneten sich Lehrerinnen, Arbeitslose, Sozialarbeiterinnen, Maurer und Minister. Es war demokratisches Chaos im besten Sinne, nichts war selbstverständlich. Ich stellte mir vor, wie aus diesen Fremden vielleicht Freunde werden würden – und staunte darüber, wie ganz nebenbei das wichtigste Amt einer Demokratie, das des Bürgers, mit Bedeutung gefüllt wurde.

In den vergangenen Jahren haben sich, nicht nur in Irland, viele Bürger nicht von ihren Parlamenten repräsentiert gefühlt. Das beginnt damit, dass es im Bundestag, im House of Commons oder in der Assemblée Nationale viel mehr Juristen gibt als in der Bevölkerung, generell mehr Akademiker, weniger Arbeiter, kaum Handwerker, oft mehr Männer als Frauen und mehr Alte als Junge. Noch etwas kommt hinzu: Abgeordnete sind Berufspolitiker.

Oft wechseln sie von einem Amt ins nächste, erst Staatssekretär hier, dann Minister dort, dann mal einige Jahre Opposition und wieder zurück in die Regierung. Viele machen diesen Job jahrzehntelang. Alle kennen sich und treffen sich ständig. Man könnte sagen, dass aus den Abgeordneten, die eigentlich die Unterschiedlichkeit der Gesellschaft widerspiegeln sollen, selbst eine viel zu homogene Gruppe geworden ist, schon phänotypisch: die gleichen Anzüge, die gleichen Blazer, der gleiche Gestus und die gleichen fernsehnachrichtengeeigneten Floskeln, die mit großer Selbstverständlichkeit in Kameras gesprochen werden.

Diese Einförmigkeit ist schon mal keine gute Voraussetzung für funktionierende Repräsentation. Wie viel schwieriger wird sie, wenn die Unterschiede zwischen Repräsentanten und Repräsentierten über Gestus und Habitus hinausgehen und inhaltlich aufgeladen werden, wenn auf einmal so gut wie alle Parlamentarier der einen Meinung sind und große Teile des Volkes einer anderen – und das in einer Frage größter Relevanz?

*

Als Angela Merkel im Sommer 2015 entschied, die Grenzen für Flüchtlinge offen zu lassen, begrüßten das alle im Bundestag vertretenen Parteien. Gleichzeitig stimmten in einer Umfrage der Forschungsgruppe Wahlen 41 Prozent der Befragten der Aussage zu, Deutschland könne eine so große Zahl an Flüchtlingen nicht verkraften.[34] Hochgerechnet auf

die Gesamtbevölkerung waren das 25 Millionen Wahlberechtigte. 25 Millionen Menschen, die im Parlament keine Stimme
hatten.

Da es ist es völlig egal, wie richtig Merkels Entscheidung
aus ethischen, moralischen, humanitären Gründen gewesen
sein mag. Für die repräsentative Demokratie ist es gefährlich,
wenn Millionen Menschen niemanden haben, der sie repräsentiert. Hätte es diese Vertreter im Parlament gegeben, hätten sie die Position der Flüchtlingsgegner in den demokratischen Prozess tragen können. Diese hätten dann keinen
Grund gehabt, an der Demokratie zu zweifeln. Aber so war
es nicht. In einer der wichtigsten Fragen unserer Zeit fühlten
sich Millionen Menschen politisch alleingelassen – also liefen
sie Pegida zu und der AfD, deren politische Führer einen
gruseln ließen, die aber Millionen Menschen das Gefühl gaben, gehört zu werden.

In der Demokratie reicht es nicht, wenn die Regierung etwas Richtiges tut. Sie muss auch die Menschen davon überzeugen, dass es richtig ist. Vier Jahre später ist Deutschland
gespalten und das politische System in der wohl schwersten
Krise in der Geschichte der Bundesrepublik seit der Wieder-
vereinigung, vielleicht seit ihrem Bestehen.

Es gibt einen Mann, der glaubt, eine Lösung für diese insti-
tutionelle Krise gefunden zu haben. Er heißt David Van
Reybrouck, ist Mitte vierzig, studierter Historiker und Ar-
chäologe, und spricht acht Sprachen. Er stammt aus Belgien,
und das ist einer der Gründe, weshalb er sich so ausführlich
mit der Demokratie beschäftigt hat.

Es ist nicht lange her, da war Belgien 540 Tage lang ohne Regierung. Während sich der Rest Europas über dieses seltsame
Land amüsierte, sah Van Reybrouck in der belgischen Krise
mehr als eine Kuriosität. Er las Aristoteles, Platon, Montesquieu, Madison – und stellte fest, dass es eine zentrale Erkenntnis der alten Demokratie-Denker nicht in die Moderne
geschafft hatte, sie war verdrängt und vergessen worden.

Die stabilsten Demokratien der Geschichte, zum Beispiel das antike Athen, funktionierten nämlich ganz anders als jene, die heute in der Krise sind. Damit ist nicht gemeint, dass es in Athen kein Fernsehen gab oder dass Frauen vom politischen Prozess ausgeschlossen waren. Der entscheidende Unterschied ist: Die Mitglieder der Athener Regierung, des sogenannten Rats der 500, wurden nicht gewählt. Sie wurden ausgelost.

Was heute verrückt anmutet, erschien damals als einzig sinnvolle Lösung. Die Amtszeiten waren begrenzt. Die meisten Athener Bürger hatten irgendwann in ihrem Leben ein politisches Amt inne. Dadurch verschwand der Unterschied zwischen Bürgern und Politikern, Regierten und Regierenden, zwischen Oben und Unten, das Volk herrschte über sich selbst, das ganze Volk. Es gab kein Repräsentationsproblem. Es gab keine Wahlkämpfe, keine uneingelösten Versprechen. Das Los machte alle gleich.

Eine Kaste von anzugtragenden Berufspolitikern wäre den Athenern absurd vorgekommen. In der Politik sollte es damals um die Sache gehen, nicht um Karriere und Durchsetzungsvermögen. Nur ganz wenige Posten, etwa im Bereich des Militärs oder der Finanzen, wurden durch Wahlen besetzt. In allen anderen Bereichen sollte das Volk das Sagen haben, normale Leute, unabhängig von Bildung und Beruf, und das Los galt als das zuverlässigste Verfahren, um sie zu bestimmen.

Aristoteles schrieb im 4. Jahrhundert vor Christus: «So gilt es, will ich sagen, für demokratisch, dass die Besetzung der Ämter durch das Los geschieht, und für oligarchisch, dass sie durch Wahl erfolgt.»[35] Jahrhundertelang war Aristoteles' Regel ein Grundsatz der politischen Philosophie. Demokratie bedeutete: Losverfahren. So war es in der Antike, so war es in den italienischen Stadtstaaten der Renaissance, in Venedig und Florenz. Noch Mitte des 18. Jahrhunderts wiederholte Montesquieu die Gedanken von Aristoteles: «Wahl durch Los entspricht der Natur der De-

mokratie, Wahl durch Abstimmung der Natur der Aristokratie.»[36]

Wenige Jahre später, 1762, schrieb Jean-Jacques Rousseau
in seinem berühmten Werk «Vom Gesellschaftsvertrag»: «In
jeder wahren Demokratie ist ein Amt kein Vorteil, sondern
eine drückende Last, die man gerechterweise nicht dem einen mehr als dem anderen auferlegen darf. Das Gesetz allein
darf sie dem auferlegen, auf den das Los fällt.»[37]

Dann geschah etwas Erstaunliches. In Amerika und Frankreich brach das Volk die Herrschaft von Krone und Absolu-
tismus, die Revolutionäre forderten Demokratie. Ihre Anfüh-
rer jedoch, die Oberrevolutionäre, waren skeptisch. Kann
das Volk sich wirklich selbst regieren? Ist die Herrschaft
nicht besser aufgehoben in den Händen einiger weniger? Am
besten in den eigenen?

Der reiche Rechtsanwalt John Adams schrieb 1776, im
Unabhängigkeitsjahr der Vereinigten Staaten: «Es ist notwendig, die Macht von den vielen auf wenige der Klügsten
und Guten zu übertragen.»[38]

Der Rechtsanwalt Thomas Jefferson, Sohn eines wohlha-
benden Plantagenbesitzers, schrieb: «Es gibt eine natürliche
Aristokratie unter Menschen, die auf Tugend und Talent be-
ruht. Ist nicht die beste Regierungsform diejenige, die am ef-
fektivsten die Auswahl dieser natürlichen Aristokraten für
politische Ämter gewährleistet?»[39]

Und der Philosoph James Madison, Sohn eines reichen
Tabakfarmers, äußerte sich so: «Wer kommt als Objekt einer
Wahl durch das Volk in Betracht? Jeder Bürger, dessen Ver-
dienste ihn der Achtung und dem Vertrauen seines Landes
empfehlen. Da sie dadurch ausgezeichnet werden, dass ihre
Mitbürger sie anderen vorziehen, ist anzunehmen, dass sie
sich im Allgemeinen auch durch jene Qualitäten auszeichnen, die diese Bevorzugung rechtfertigen.»[40]

Adams, Jefferson und Madison hatten genau das richtige
Verfahren identifiziert, um eine Volksherrschaft einzuführen, in der ein sehr kleiner Teil des Volkes herrscht: Wahlen.

Für wen würden sich die amerikanischen Bürger entscheiden, wenn nicht für die Sachkundigsten, Klügsten, Wohlhabendsten?

John Adams wurde Vizepräsident unter George Washington und 1797 selbst Präsident.

Thomas Jefferson folgte ihm 1801 nach.

Dann James Madison, 1809.

Der sechste Präsident hieß dann wieder Adams, es war John Adams' Sohn John Quincy. Die Adams' waren die erste amerikanische Politik-Dynastie, der Jahrzehnte später die Kennedys folgten, die Bushs, die Clintons.

Auch in Frankreich kaperte das gehobene Bürgertum die Revolution. Der Priester und Schriftsteller Emmanuel Joseph Sieyès, der mit seinem Essay «Was ist der Dritte Stand?» mithalf, das Volk zum Sturm auf die Bastille anzustacheln, sagte keine zwei Monate später: «Die Bürger bestimmen Repräsentanten und geben selbst das Recht ab, Gesetze zu machen. Sonst wäre Frankreich eine Demokratie. Das Volk darf in einem Land, das keine Demokratie ist (und Frankreich dürfte schwerlich eine sein), nicht mitsprechen und nicht handeln, es sei denn durch seine Repräsentanten.»[41]

Aus historischer Entfernung betrachtet, muss man feststellen: Was damals wie heute Revolution genannt wird, bestand vor allem darin, dass eine Wahl-Aristokratie eine Erb-Aristokratie ersetzte. Die alte Elite verlor die Macht an eine neue Elite. Dem Volk wurde das als Volksherrschaft verkauft. Damit gelang einer der größten PR-Coups der Geschichte: die Umetikettierung eines Begriffs, der über mehr als 2000 Jahre hinweg mit dem Los verbunden war.

Die Wahl-Aristokratien erwiesen sich als außerordentlich stabil – auch weil sie sich tatsächlich schrittweise demokratisierten: Das Wahlrecht wurde ausgeweitet, bald durfte fast jeder wählen. Arbeiterparteien entstanden und kämpften dafür, dass auch Arbeiter in politische Spitzenämter aufrücken konnten. Einige Länder führten das Instrument der Volksinitiativen ein oder befragten ihre Bürger in Referenden. Aber in der Regel war es eben eine Kaste von Berufspolitikern, die regierte.

So selbstverständlich wurde das über die Jahrhunderte, dass der Briefträger Finbarr O'Brien, als er gefragt wurde, ob er eine politische Aufgabe übernehmen wolle, reflexhaft sagte: Dafür bin ich zu ungebildet. Für ihn war klar, Politik ist etwas für die Klugen, für die Aristokraten der Moderne.

Der belgische Autor David Van Reybrouck schlägt in seinem Buch eine Lösung vor. Sie ist bereits im Titel enthalten, der lautet: «Gegen Wahlen».[42] Um die Probleme der Demokratie zu lösen, das ist seine These, muss man zurück zum Ursprung. Man muss wieder losen, dem Zufall zumindest wieder ein bisschen Raum im politischen Prozess geben. So wie in Irland, wo es die Bürgerversammlung schon nach wenigen Wochen geschafft hat, einen politikverdrossenen Briefträger für die Politik zu begeistern – und wo sie auf dem besten Weg war, das Land zu verändern.

*

Finbarr O'Brien fühlte sich gut informiert, als an jenem Samstagmorgen im April 2013 im Konferenzraum des Hotels die Debatte über die Homo-Ehe begann. Nach den vielen Gesprächen mit Chris kannte er die meisten Argumente. Er hatte seine Meinung geändert, und zwar nicht nur über Chris, sondern über schwule Männer generell. Chris hatte bei Finbarr geschafft, was die Roma-Familie bei den Hermes nicht vermocht hatte. Was war der Unterschied?

Sozialpsychologen haben herausgefunden, dass es hilft, wenn zwei Bedingungen erfüllt sind, damit das Verhalten einer Person auf eine ganze Gruppe abfärbt. Damit diese Person nicht zur Ausnahme, sondern zur Regel erklärt wird. Ohne es zu wissen, erfüllte Chris beide. Am Tag ihres Kennenlernens hatte Chris sich in ein fast comichaft überzeichnetes Schwulen-Klischee verwandelt, Fingernägel, Haare, Klamotten. Er wollte repräsentieren – und was er an diesem ersten Tag zunächst bereute, weil er das Gefühl hatte, es vielleicht doch übertrieben zu haben, funktionierte ausgezeichnet.

Als Finbarr ihn sah, verknüpfte sein Gehirn in Sekundenschnelle die optischen Impulse zu einem Schluss: Da kommt nicht einfach nur ein Mann, da kommt ein Schwuler. Chris war so klischee-überladen, dass Finbarr gar nicht auf die Idee kam, ihn zur Ausnahme zu erklären. Je repräsentativer ein Einzelner für eine Gruppe wirkt, desto schwerer ist es, ihn zum Sonderling zu reduzieren.

Auch die zweite Bedingung erfüllte Chris. Er war der erste Schwule, den Finbarr bewusst kennenlernte. Nicht der zweite, nicht der dritte, nicht der zehnte. Hätte Finbarr zuvor andere getroffen, von denen einige vielleicht einen schlechten Eindruck gemacht, vielleicht sogar Finbarrs Vorurteile bestätigt hätten, hätte sich Chris gegen diese Last stemmen müssen. Er hätte es schwerer gehabt. Aber das war nicht so. Er war der Erste. Er hatte freie Bahn.

So kam es, dass sich Finbarr an jenem Samstag so gut wie sicher war, dass er am nächsten Tag für die Legalisierung der Homo-Ehe stimmen würde, nicht nur für Chris, sondern für alle schwulen Männer. Nur eine Frage quälte ihn noch: die Sache mit den Kindern. Wie können zwei Männer Kinder bekommen? Und werden die nicht fies gehänselt in der Schule? Sollte man das Kindern antun? Dann betrat eine junge Frau die Bühne, und Finbarrs Sinne schärften sich.

«Guten Tag, mein Name ist Claire O'Connell, ich bin 22 Jahre alt und studiere Medizin. Wir sind ein typischer Haushalt, nur dass ich zwei Mütter habe. Leute fragen mich: Wie ist das mit zwei Mamas? Meine Antwort enttäuscht sie dann, denn meine Kindheit war ziemlich gewöhnlich. Meine Eltern verbanden mir das Knie, wenn ich hingefallen war, und trösteten mich, wenn ich weinte. Dann fragen die Leute:

Wurdest du nicht gehänselt? Wieder musste ich sie enttäu-
schen. Die meisten meiner Freunde fanden sogar cool, dass
ich zwei Mütter habe. Der Running Gag war, dass meine Familie die normalste von allen war.»

Finbarr beschloss, mit Ja zu stimmen. Dann betraten Kir-
chenvertreter die Bühne. Die Natur habe Mann und Frau
gemacht, argumentierten sie. Nur so könnten Kinder entstehen. Ein katholischer Bischof sprach über die Liebe der
Kirche zur Institution der Ehe, die unglaublich wertvoll sei
und auf dem Spiel stehe. Finbarr dachte an die vielen Jungen,
die von Männern der Kirche missbraucht wurden, so wie er
damals missbraucht worden war, er dachte darüber nach, wie
die Kirche sich wegduckte bei der Aufarbeitung, wie sie Täter auf andere Posten versetzte, wo sie es dann wieder taten.*
Und trotzdem besaß dieser Bischof die Frechheit, sich hier
als moralische Autorität aufzuspielen. Finbarrs Fäuste ball-
ten sich. Er zitterte vor Wut. Er musste jetzt etwas sagen, das
spürte er, dem Bischof etwas entgegensetzen. Wenn nicht,
würde er sich das später vorwerfen.

Dann stand er auf einmal da, Finbarr O'Brien, weinroter
Pulli, darunter ein weißes Hemd, seine rechte Hand um-
klammerte das Mikrofon, eine Kamera zoomte an sein Gesicht heran und schickte die Bilder live ins Netz. Er hatte
sich keine Worte zurechtgelegt, sie kamen von allein. «Das
größte Problem der Menschen ist Ignoranz. Sie wissen nicht

---

* Dieser Moment ist ein weiteres Beispiel für den in Kapitel 3 beschrie-
benen Negativitäts-Mechanismus der Massenmedien. Auch in Irland
spielen Missbrauchsfälle in der Berichterstattung eine überpropor-
tional große Rolle. Sie prägen Finbarrs Bild von der katholischen
Kirche viel stärker als beispielsweise die vielen Kirchenmenschen,
die bemüht sind, gute Arbeit für ihre Gemeinden zu leisten, es damit
aber nicht in die Berichterstattung schaffen. Der Bischof auf der
Bühne weckt das Vorurteil, das der Medienkonsument Finbarr
O'Brien kultiviert hat. Finbarr weiß in diesem Moment nicht, ob sich
der Bischof, dem er zuhört, selbst etwas zu Schulden hat kommen
lassen oder was er von der Missbrauchsdebatte hält.

genug. Mir persönlich ging es genauso. Vor vielen Jahren wurde ich missbraucht, und danach habe ich das automatisch gleichgesetzt, schwule Männer und Missbrauch. Ich wusste es einfach nicht besser. Aber dann lernte ich, dass homosexuelle Menschen, Männer wie Frauen, normale Menschen sind.»

Er sprach nicht aus, wie er am nächsten Tag abstimmen würde, aber jeder im Saal hörte es. Nach der Sitzung ging er geradewegs an die Bar und stürzte einen doppelten Whiskey. Dann kamen die Gratulanten, einer nach dem anderen wollten sie seine Hand schütteln.

Am Tag darauf stimmten 79 Mitglieder der Bürgerversammlung für die Verfassungsänderung – 79 Prozent für die Legalisierung der Homo-Ehe in einem der katholischsten und konservativsten Länder Europas.

Schwer zu sagen, wie viel Anteil Finbarr O'Brien daran hatte. Chris Lyons sagt, es sei mehr gewesen als der eine Stimmzettel, den sein Freund in die Urne gesteckt habe. Finbarr habe mit seiner Rede andere überzeugt, ihm zu folgen. Jeder im Raum habe gemerkt, dass die Rede ein kathartischer Moment für Finbarr gewesen sei. Alle hätten sie an seinen Lippen gehangen, wie man es nur bei jemandem tue, der keine Unehrlichkeit in sich trage, bei Finbarr gebe es kein Vorgaukeln, kein Weglassen, kein Lügen, dafür liebten ihn die Leute. In dieser Hinsicht, sagt Chris, sei Finbarr das Gegenteil eines Politikers.

Aber war er nicht gerade deswegen ein herausragender Politiker? War nicht das, was Finbarr an diesem Wochenende tat, die Definition von Politik? Mit den richtigen Worten und der eigenen Persönlichkeit einen Nerv zu treffen? So aufrichtig zu sein, dass andere einem folgen?

Als ich Menschen interviewte, die damals dabei waren, eine Lehrerin aus Dublin, eine Tänzerin aus Kildare, eine Sozialarbeiterin aus Wexford, einen Politologen vom University College Dublin, den Vorsitzenden Tom Arnold, sagte jeder von ihnen irgendwann, dass ich unbedingt noch mit diesem Briefträger aus Macroom sprechen solle, sein Name sei Finbarr ...

Finbarr O'Brien, der die Unsichtbarkeit bevorzugt hatte, war vielleicht die sichtbarste Person der Versammlung. Den Namen der schwadronierenden Politikerin erwähnte keiner.

Das irische Parlament folgte der Empfehlung der Bürger und setzte ein Referendum zur Homo-Ehe an. Anders kann die irische Verfassung nicht geändert werden. Alle großen Parteien empfahlen den Menschen, für die Legalisierung zu stimmen. Am 22. Mai 2015, zwei Jahre nachdem die Versammlung ihre Entscheidung getroffen hatte, stimmte Irland ab. Ohne es zu wissen, entschieden die Iren gleichzeitig darüber, ob ihr Mitbürger Chris Lyons bleiben oder ob er auswandern würde.

Chris weinte in jenen Tagen viel, so gerührt war er. Wenn er durch seinen Twitter-Feed wischte, sah er unter dem Hashtag #hometovote Bilder von Iren, die aus der ganzen Welt nach Hause kamen, um abzustimmen, aus Australien, aus den USA, aus England. Auf den Bildern sah Chris sie in Flugzeugen sitzen und aus Bussen steigen, Junge und Alte, Männer und Frauen, viele hielten eine Regenbogenflagge in der Hand. Für Chris fühlte es sich an, als wollten sie ihn nach all dem Leid endlich zum vollwertigen Mitglied der Gesellschaft machen.

Finbarr verfolgte das Referendum vor dem Fernseher. Am Morgen war er mit seiner Frau im Wahllokal gewesen, wo er zum zweiten Mal für die Homo-Ehe gestimmt hatte. Wo seine Frau ihr Kreuz gesetzt hatte, wusste er nicht. Er vermutete, bei Nein. Wie wahrscheinlich die meisten im Dorf. Wenn man nach dem ging, was die Leute im Pub sagten, glaubte er nicht, dass Chris in Irland bleiben würde.

Dann verkündete der Nachrichtensprecher das Ergebnis: 62 Prozent dafür. Das Fernsehen zeigte Bilder von bunt angezogenen Menschen, die in den Straßen Dublins Freudentränen weinten.

Wenn Finbarr heute über Politik spricht, tut er das als Eingeweihter. Manchmal kommt es vor, dass er im Pub oder beim Briefesortieren im Postamt Politiker verteidigt.

In den USA, in Deutschland und in fast jedem Land dazwischen fragen sich Menschen: Wie kann es gelingen, dass das Volk wieder Vertrauen in die Politik fasst? Bei Finbarr O'Brien hat es damit begonnen, dass die Politik ihm vertraute.

Könnten die Ergebnisse des irischen Experiments ermutigender sein: Finbarr O'Brien und Chris Lyons, ein homophober und ein schwuler Mann, sind Freunde geworden. Ein ehemaliger Wutbürger verteidigt jetzt im Pub Politiker. 66 Bürger und 33 Politiker haben ihre Vorurteile zum Teil überwunden. Viele von ihnen schwärmen seither von dieser Erfahrung und tragen so den demokratischen Geist in die Gesellschaft. Nichts davon wäre passiert, wenn nicht das demokratische Los gewesen wäre, wenn die irische Regierung sich nicht entschieden hätte, diese Bürgerversammlung zu gründen und damit wildfremde, grundunterschiedliche Menschen in Kontakt miteinander zu bringen.

Wenn Finbarr O'Brien zurückblickt, stört ihn nur eines: dass er bei der zweiten Versammlung nicht mitmachen durfte. Diese wurde 2016 einberufen. Diesmal ohne Politiker, 99 Bürger und eine Vorsitzende. Ihr wichtigstes Thema war noch umstrittener als das ihrer Vorgänger, ganze fünf Monate debattierten sie nur dieses – Abtreibung. Dann stimmten sie dafür, das in der Verfassung festgeschriebene Verbot zu kippen. Die Regierung setzte ein Referendum an. Im Mai 2018 folgten die Iren der Empfehlung mit deutlicher Mehrheit.

*

In heterogenen Gesellschaften gibt es vielleicht kein Werkzeug, das zuverlässiger Begegnungen von Andersdenkenden herbeiführt als das Los. Die Iren setzten es im Kleinen ein, nur hundert Leute, nur beratend, und trotzdem hatte das große Auswirkungen. Theoretisch ließe sich die Lotterie auch viel umfassender, viel radikaler nutzen. Man könnte ganze Parlamente auslosen, den Bundestag, das Unterhaus, die Nationalversammlung. In der Region Ostbelgien wird es in Zukunft ein festes politisches Gremium geben, eine Art Senat, dessen Mitglieder vom Los bestimmt werden. Man könnte die Lotterie auch auf nicht-politische Lebensbereiche ausweiten.

An amerikanischen Universitäten ist es zum Beispiel üblich, dass Studenten auf dem Campus wohnen. Sie teilen sich dort häufig ein Zimmer mit einem anderen Studenten. Einige Hochschulen lassen ihren Erstsemestern keine Wahl mehr, mit wem sie zusammenziehen. Es wird gelost. So entstehen häufiger «bunte» Mitbewohnerschaften, wo vorher ethnische Homogenität in den Zimmern herrschte.

Schon Gordon Allport erzählte 1954 in «Die Natur des Vorurteils» eine Anekdote, wie der Dekan eines Ostküstencolleges am ersten Tag des Semesters Besuch von zwei wütenden Südstaaten-Mädchen bekam:

«Ihnen war ein Haus zugeteilt worden, in dem auch eine schwarze Studentin wohnte. Sie forderten, dass sie ausziehen müsse. Der Dekan dachte kurz nach, dann sagte er: ‹Wir haben die Regel, dass Mädchen ihre Zimmer nicht wechseln können, aber in diesem Fall mache ich eine Ausnahme. Wenn ihr wollt, könnt ihr beide in ein anderes Haus ziehen.› Die Mädchen waren sprachlos. Sie waren aufgewachsen mit der Überzeugung, dass Schwarze ihnen aus dem Weg zu gehen haben. Sie blieben, etwas grimmig zunächst, aber schnell merkten sie, dass ihre feindliche Haltung gegenüber ihrer Mitbewohnerin abnahm. Am Ende des Semesters waren sie gut mit ihr befreundet.»[43]

Das liest sich, als ob ihm ein befreundeter Dekan diese Geschichte erzählt hatte und Allport sie so passend fand, dass er sie aufschrieb, obwohl sie keine wissenschaftliche

Aussagekraft hat. Heute, siebzig Jahre später, wissen wir, dass sie das durchaus hat. Zum Beispiel haben die Sozialpsychologen Sarah Gaither und Samuel Sommers in einer Studie herausgefunden, dass weiße amerikanische Studenten, die mit nicht-weißen Studenten zusammenwohnten, nach vier Monaten einen diverseren Freundeskreis hatten und Diversität grundsätzlich mehr Bedeutung beimaßen. Nach sechs Monaten zeigte sich, dass sie weniger ängstlich waren, wenn sie nicht-weiße Menschen kennenlernten, und dass sie freundlicher mit ihnen umgingen.[44]

Gautam Rao, Ökonom in Harvard, hat den Effekt einer Politikänderung in Indien untersucht. In Delhi wurden teure Privatschulen, in denen Kinder aus der Oberschicht bislang unter sich waren, verpflichtet, auch Kinder aus armen Familien aufzunehmen. Rao fand heraus, dass die Oberschichtskinder in jenen Klassen, die sich öffneten, ihr diskriminierendes Verhalten abgebaut hatten, dass sie großzügiger geworden waren und dass sie häufiger freiwillig an Wohltätigkeitsveranstaltungen teilnahmen.[45]

Man könnte argumentieren: Der Kontakt auf dem Campus oder in einer weiterführenden Schule kommt zu spät. So wie die beiden Südstaaten-Mädchen in Allports Anekdote oder die reichen Kinder aus Delhi haben Schülerinnen und Studenten in den etwa zehn bis zwanzig Jahren ihres Lebens bereits tiefsitzende Vorurteile entwickelt, die mühsam aufgebrochen werden müssen. Kann man nicht früher ansetzen? In einem Alter, in dem die Vorurteile noch nicht so gefestigt oder gar nicht erst entstanden sind?

Einige amerikanische Metropolen haben ein interessantes Experiment gestartet. Basierend auf einem Modell des Wirtschaftsnobelpreisträgers Alvin Roth haben Städte wie San Francisco oder Washington D.C. ein zufälliges Verteilungssystem für Grundschüler entwickelt. Die ethnische und soziale Segregation in amerikanischen Großstadtgrundschulen ist stark. Manchmal gibt es zwei Schulen in unmittelbarer Nachbarschaft, die nicht unterschiedlicher sein könnten. Auf die einen gehen zum Beispiel nur weiße Mittelschichtskinder, auf die andere nur schwarze Kinder aus sozial schwächeren Familien. Oder die eine besuchen Kinder, die zu Hause fast alle Englisch sprechen. Die andere fast nur Kinder, die das nicht tun.

Auch in deutschen Großstädten liegen teilweise Brennpunktschulen, an denen fast nur Schüler lernen, deren Muttersprache nicht Deutsch ist, neben Vorzeigeschulen mit Kindern aus bürgerlichen Familien. Hätten nicht alle etwas davon, wenn man mischen würde? Die Brennpunktschüler, weil sie auf einmal mehr Deutsch und mehr Bildung in ihrer Umgebung hätten. Die Wohlstandskinder, weil sie ein Bewusstsein dafür entwickeln würden, wie es in einer Lebenswelt aussieht, die nicht ihre, aber trotzdem Teil der Stadtgesellschaft ist. Und die Gesellschaft als Ganzes, weil so Vorurteile abgebaut werden und damit auch der Spaltung entgegengewirkt wird.

Bei Grundschülern anzusetzen hat viele Vorteile: Kinder folgen noch keiner Ideologie. Kinder schließen schnell Freundschaften. Und im besten Fall werden sie durch ihre Erfahrungen zu Empathie-Botschaftern, die den Effekt vervielfachen, wenn sie später hinausgehen in die Gesellschaft. Vielleicht kann man so eine ganze Gesellschaft impfen gegen den Hass.

DIE NACHBARN

Wie die Wahl des Wohnorts
unser Leben bestimmt

Warth war ihr immer zu eng gewesen. Sechshundert Menschen und zwei Mal die Stunde der Postbus. Die Mutter stand am Herd, der Vater arbeitete im Schweinestall des Klosters, und wenn er mal frei hatte, dann wanderte die Familie Knaus, Start und Ziel die eigene Haustür. Wenn Silvia fragte: Mama, woher kommt der Fernseher? Woher kommt der Hamburger? Woher kommt das Auto?, dann sagte die Mutter: aus Amerika. Alles kam aus Amerika. Nichts kam von hier, aus dem Thurgau. Schon gar nicht aus Warth.

Mit achtzehneinhalb stieg Silvia in den Flieger. Zum ersten Mal raus aus der Schweiz. Amerika, Sehnsuchtsland. Die kommt schnell wieder, sagten sie im Dorf. Kam sie auch, aber nur kurz. Wieder Amerika. Dann Australien. Sie zog nach Zürich, nah eigentlich, aber doch so anders: Großstadt, Menschen, Partys, Kino, Züge, Trams, Busse, nicht nur zwei Mal die Stunde.

Der Aufzug hielt im Mittelgeschoss. Zur Tür der Wohnung, die sie sich mit einer Freundin teilte, musste Silvia ein halbes Dutzend Treppenstufen steigen. Kein Problem, aber irgendwann doch. Ihre Beine machten nicht mehr mit. Mit Mitte zwanzig war sie, wo sie hingewollt hatte, in der Stadt, im Leben. Aber sie kam die Treppe kaum mehr rauf.

In der Schule hatte Silvia die hässlichste Schrift von allen

gehabt. Manche Kinder sind halt tollpatschig, hatte sie gesagt. Jedes Jahr war sie ins Skilager gefahren, aber während
die anderen langsam besser geworden waren und irgendwann richtig gut, war sie immer auf den Skiern rumgewa-
ckelt wie eine Anfängerin. Ich bin halt unsportlich, hatte sie
gesagt.

Jetzt erfuhr sie: Friedreich-Ataxie. Chromosom neun. Gen
FXN. Gestörte Kommunikation zwischen Rückenmark und
Kleinhirn. Störung des Bewegungsapparats. Degenerierende
Muskeln. Kein Todesurteil, sagte der Neurologe, aber besser
wird es nicht mehr werden.

Unglaublich, wofür man Muskeln braucht. Nicht nur zum
Treppensteigen. Auch zum Wörterformen. Silvias Sprache
wurde flach, aus manchen Silben verschwanden Vokale. Einmal sagte sie zu einem Kunden des Callcenters, für das sie
arbeitete: Drücken Sie bitte die Raute. Wie bitte? Drücken
Sie bitte die Raute. Wie bitte? Da wusste sie, das geht nicht
mehr, und kündigte.

Mit 29 kam der Rollstuhl. Zurück nach Warth. Noch mal
auf Reisen, volle Power, Südafrika, St. Helena, mit dem Auto
nach Norwegen, Hongkong, Macau, Australien, zwanzig
Länder in einem Jahr, ein letztes Aufbäumen, wer weiß, wie
lange das noch geht. Wieder Warth. Ihre Freunde von einst
hatten Kinder und Häuser, in die sie sich abends verzogen,
während Silvia in ihrem Kinderzimmer saß. Allein. Oft fuhr
sie morgens nach Zürich und kam abends wieder zurück,
aber sie lernte niemanden kennen. «Es ist schwer im Rollstuhl.»

Die wenigen behindertengerechten Wohnungen in Zürich,
die sie im Internet fand, kosteten 3000 Franken aufwärts.
Bezahlen konnte sie mit ihrer Invalidenrente maximal 1700.
Aber dann holte sie an einem Tag am Zürcher Hauptbahnhof
einen *Blick* aus dem Zeitungsständer, übelster Boulevard,
aber kostenlos. Im Zug las sie. Da entstand, gebaut von einer
Genossenschaft, ein Haus mit dem Namen Kalkbreite, mit-
ten in der Stadt, mit kleinen, vergleichsweise günstigen Woh-

nungen und großen Gemeinschaftsräumen. Das Gebäude, so verstand sie das, sollte architektonisch ausgelegt sein auf Begegnungen zwischen den Bewohnern. Eine günstige Stadtwohnung und sozialer Kontakt – ihre zwei Sehnsüchte, vereint an einem Ort.

Es gebe schon zu viele Bewerber, sagte die Stimme am Telefon. Silvia bewarb sich trotzdem. In dem Artikel hatte gestanden, dass den Genossenschaftsleuten Diversität wichtig sei. Vielleicht war ihr Rollstuhl mal ein Vorteil.

Im Juli 2014 zog Silvia ein. Sie brachte ein Bett mit, einen Schrank und einen kleinen Tisch. Mehr Platz war nicht, 29 Quadratmeter. Aber, eine Seltenheit, sie hatte eine unterfahrbare Küche mit Herd und Kühlschrank. Einen Backofen gab es nur nebenan im Gemeinschaftsraum, den sie sich mit elf anderen Bewohnern teilte, die zusammen den Cluster 2 bildeten. Keine der zwölf Wohnungen hatte einen Ofen, auch keinen Anschluss für eine Waschmaschine, unten im Eingangsbereich gab es einen Waschraum für alle. Egal, endlich wieder Stadt.

Ich besuche die Kalkbreite zum ersten Mal im Herbst 2018. Vorher habe ich gelesen, dieses Haus würde Begegnungen erzwingen, und das für PR-Blabla gehalten. Die Großstadthäuser, in denen ich bisher gewohnt habe, waren alle unterschiedlich gebaut, aber am Ende hat überall urbane Anonymität geherrscht. Von vielen Nachbarn kannte ich nicht mal die Namen.

Ich steige an der Tramhaltestelle «Kalkbreite» aus und stehe vor dem Haus wie vor einem beigefarbenen Ozeandampfer. In dem, was der Rumpf des Schiffes wäre, drei Stockwerke hoch, sehe ich ein Kino mit dem Namen «Houdini», einen Bio-Supermarkt, ein paar Läden. Zwischen einem schicken türkischen Restaurant, in dem Menschen Zeitung lesen, und einer gemütlich aussehenden Bar führt eine gewaltige Treppe hinauf in den erhöhten Innenhof, in dem Kinder schaukeln. Ringsherum erheben sich, wie Schiffsdecks, vier Stockwerke mit den Wohnungen der 250 Bewohner.

Als ich durch den Haupteingang gehe, fühle ich mich, als beträte ich eine Hotellobby – was auch ein bisschen stimmt. Denn dort ist ein Tresen, an dem mich ein Mitarbeiter begrüßt, der die zwölf Pensionszimmer der Kalkbreite verwaltet, die gleichzeitig Gästezimmer der Bewohner sind. Weil in den kleinen Wohnungen wenig Platz ist für Übernachtungsbesuch, schlafen Gäste in der Pension im Erdgeschoss. Das, sagen Bewohner, hat den Vorteil, dass man kein Sofa ausziehen und kein Laken waschen muss.

Die Lobby ist so etwas wie die Lebensader dieses Hauses. Hier ist der Eingang zur Cafeteria, in der ich Menschen sitzen sehe. Hier sind die Briefkästen angebracht, gerade spricht dort ein junger Mann mit Mütze mit einer älteren Frau. Weiter hinten steht eine Sofa-Sitzgruppe und an der Wand links daneben ragt ein Bücherregal bis unter die Betondecke. Um die Ordnung darin kümmert sich, wie ich später erfahre, Erika aus dem sechsten Stock, Rentnerin und gelernte Bibliothekarin mit einer Vorliebe für feministische Literatur. Aus der Lobby führt eine Freitreppe hinauf in den ersten Stock, in dem sich ein breiter Flur ringsherum durchs ganze Haus zieht. Die Bewohner nennen ihn *Rue Interieur*, innere Straße, und so fühlt er sich auch an. Immer was los. Kinder rasen mit Rollern entlang. Links und rechts öffnen und schließen sich Wohnungstüren. Auch Silvias Zimmer liegt hier. Auf anderen Stockwerken gibt es ein Yoga-Zimmer, ein Musikstudio, einen Fitnessraum, eine Werkstatt und oben, neben dem Ausgang zur Dachterrasse mit dem Kräutergarten, eine Sauna, das meiste davon finanziert von der Gemeinschaft.

Die architektonische Idee hinter diesem Begegnungsort ist eine Art *push and pull*. Die Wohnungen sind zu klein und zu spärlich ausgestattet, um sich ausschließlich darin aufzuhalten, zumindest, wenn man manchmal backen, waschen oder Gäste bewirten möchte. Gleichzeitig sind die Gemeinschaftsräume schön und groß und gut ausgestattet, um die Bewohner anzulocken.

An der ersten Wohnungstür, vor der ich stehenbleibe, steht: «Frederike Bertschi, Cellistin». In Hüfthöhe ist eine Klingel angebracht, kein Knopf zum Drücken, sondern ein kleiner goldener Griff, den man drehen kann wie einen alten Korkenzieher. Ich drehe und höre drinnen ein mechanisches Geräusch, das klingt wie eine Fahrradklingel, nur weniger schrill. Frederike ist eine Frau jenseits der sechzig, schlank und ein wenig gebückt. Sie bittet mich herein und wir setzen uns an einen kleinen Tisch vors Fenster.

Frederike erzählt, dass sie aus einer konservativen Familie aus Winterthur stamme. Sie hat klassische Musik studiert und lange in Orchestern in Flensburg und Nürnberg gespielt. Als sie 2014 in die Kalkbreite zog, kannte sie von Zürich nur die Oper, die sie als Studentin zwei Mal die Woche besucht hatte, und den Zürichberg mit seinen Millionenvillen aus dem 19. Jahrhundert, weil dort eine Kommilitonin gewohnt hatte. Dieses Zürich hier, der Kreis vier, auch Aussersihl genannt und sehr links, war neu für sie.

Sie musste sich daran gewöhnen, dass sich in der Kalkbreite jeder, wirklich jeder, duzt. Manchmal traf sie auf den Fluren Menschen, vor denen sie früher Angst gehabt hätte. Da war zum Beispiel so ein Typ, erzählt sie, zugepierct und übergewichtig, der zu viel trank und immer eine schwere Tasche rumschleppte, unter deren Gewicht er gebeugt ging. Er stellte sich als ein sensibler, freundlicher Kerl heraus. Aber dann war er gestorben, gerade 58 Jahre alt. Sie denke oft an ihn.

Wir haben etwa zwanzig Minuten gesprochen, da unterbricht uns das Geräusch der Klingel, die auf der Innenseite der Tür aus einer kleinen goldfarbenen Glocke besteht. Dieses Geräusch wird in den Tagen darauf für mich zum Sound dieses Hauses werden. Jede Tür hat eine solche Klingel – jede bis auf eine, wie ich später erfahre. Vor Frederikes Tür, auf der *Rue Interieur*, wartet eine Frau im Rollstuhl, sie trägt eine modische Hornbrille, einen blauen Pullover und blondes Haar. Ich höre die Frau fragen, ob Frederike ihr später die Vorhänge anbringen könne.

«Siehst du», sagt Frederike, als sie zurückkommt, «das war meine Nachbarin Silvia. Am Anfang habe ich mich ferngehalten von ihr. Ich hatte noch nie mit Menschen im Rollstuhl zu tun gehabt und habe mich nicht getraut. Heute achte ich auf öffentlichen Toiletten immer darauf, ob man da auch mit dem Rollstuhl reinkommt.»

So lerne ich Silvia kennen. Ich bin dann derjenige, der zwei Stunden später ihre Vorhänge anbringt. Während ich auf der Leiter stehe, erzählt sie mir von Warth und davon, wie die Kalkbreite ihr geholfen hat, ihre Einsamkeit zu überwinden. Ich frage, wie viele Menschen sie hier kenne, also wirklich kenne. Sie überlegt, dann zählt sie auf: «Frederike, Claudia, Jamila, Madeleine, Fred, Sabur, Thomas, Regula, die andere Regula, Doro, Stefan, Beat, Corinne, Françoise, Jonas, ach, ich kenne bestimmt 200 Leute. Nur in den Wohngemeinschaften, da verändert sich immer viel, da kenne ich einige nicht.» Ständig läute sie bei Nachbarn und frage um Hilfe, sagt sie. Bei Frederike zum Beispiel. Oder gegenüber bei Tato, einem jungen brasilianischen Masseur.

Vor Tatos Tür stehen Flipflops in gelb-grün. Ich klingele, niemand öffnet. Aber am nächsten Tag lerne ich ihn kennen, als ich die *Rue Interieur* langgehe und ins Nähzimmer schaue. Dort bügelt ein junger Mann mit Hipster-Oberlippenbart gerade ein weißes Hemd, auf das zwei rote Masken gedruckt sind, die sowohl zu einem Serienkiller als auch zu einem Superhelden passen würden. Tato erzählt, dass sein Freund Pablo, ein spanischer Modedesigner, der oben in der «True Love»-WG wohne, das Hemd designt hat.

Tato spricht vom «Spirit von der Kalkbreite». Man lerne hier wirklich viele Menschen kennen, vor allem sehr unterschiedliche. In seinem Cluster, sagt er, ohne zu wissen, dass ich bereits mit Silvia und Frederike gesprochen habe, wohne eine Rollstuhlfahrerin, die ihm manchmal helfe, wenn er einen Brief schreiben müsse. Als Masseur berühre er ständig

Menschen, sagt er, aber wie sich gelähmte Beine anfühlen, das habe er erst hier gelernt. Außerdem wohnten drei Rentnerinnen in seinem Cluster. Was habe er schon vom Rentner-Leben gewusst? Jetzt sitze er manchmal mit ihnen bei einem Glas Wein in der Sonne und höre zu, wie sie vom Theater erzählen oder vom Shopping in Milano.

Nach einigen Tagen in der Kalkbreite bin ich dabei, meine Meinung zu ändern. Vielleicht ist die Sache mit den Begegnungen doch mehr als PR-Blabla. Tato und Silvia. Tato und die Rentnerinnen. Silvia und Frederike. Frederike und der Gepiercte. Es gibt einen Nähkurs, eine Kartenspielrunde, eine Film-AG, eine Gruppe, die sich um die 60 000 Honigbienen kümmert, die auf dem Dach leben. Einmal geht mein Aufnahmegerät kaputt und Silvia besorgt mir innerhalb von fünf Minuten ein anderes. Sie weiß, dass Jonas aus dem vierten Stock Hörbücher vertont, der hat eins. Die Leute hier kennen sich wirklich gut, so gut sogar, dass einige Bewohner genervt davon sind.

Eine junge Mutter erzählt mir, dass sie ihre Tochter in einer Kita einige Straßen entfernt angemeldet hat und nicht im Haus, wo es auch eine gibt, weil sie sonst gar nicht mehr rauskomme aus diesem Mikrokosmos, der sich anfühle wie ein Dorf, mit allen Vor- und Nachteilen. Es fehle eigentlich nur noch ein Bestattungsunternehmen, sagt eine andere Bewohnerin, dann müsste man von der Wiege bis zur Bahre die Kalki nicht mehr verlassen. Es gibt ein Geburtshaus, eine Kita, eine Arztpraxis, mehrere Therapeuten, einen Supermarkt.

Dann erfahre ich, dass die Kalkbreite nicht nur versucht, zu erzwingen, *dass* sich Menschen in ihr begegnen, sie versucht auch zu steuern, *welche* Menschen sich begegnen.

Das Vermietungsreglement, Punkt 2.1., legt fest, dass die Bewohnerschaft in Sachen «Geschlecht, Alter, Einkommen, Berufs- und Bildungshintergrund und Staatsangehörigkeit» die gesamte Bevölkerung spiegeln soll. So wie die Bürgerversammlung in Dublin ein demografisches Mini-Irland sein soll, hat die Kalkbreite den Anspruch, eine Mini-Schweiz zu sein. Mit dem Unterschied, dass sich die Menschen hier nicht nur einmal im Monat sehen, sondern jeden Tag.

Wie revolutionär diese Idee ist, zeigt sich schon, wenn man sich als Stadtbewohner im eigenen Viertel umschaut. Wenn ich das in dem Teil Hamburgs tue, in dem ich wohne, sehe ich zum Beispiel kaum alte Menschen, obwohl ich weiß, dass es mehr als zwanzig Millionen Rentner in Deutschland gibt. Ich sehe auch kaum dicke Menschen, obwohl ich weiß, dass mehr als ein Viertel aller deutschen Erwachsenen fettleibig ist. Dafür sehe ich Kinderwagen und Schilder, die auf Englisch veganen Kuchen und skandinavisch gerösteten Kaffee anpreisen.

Das ist nicht nur in Deutschland so. Als ich Jamal, den Beinahe-Terroristen, in einer Vorstadt von Århus interviewe, sehe ich viele Dönerläden und Menschen in Discounter-Klamotten. Als ich den Eleven Forty-Two-Veteranen John Gunther Dean im 16. Arrondissement von Paris interviewe, sehe ich Menschen in Designerkleidung und statt Döner für vier Euro essen sie Croissants für fünfzehn. Neulich erzählte eine Freundin, die in der Londoner City arbeitet, sie habe jemandem erzählt, dass sie mit dem Fahrrad zur Arbeit fahre, und derjenige sei geschockt gewesen. Er hatte sofort verstanden, Fahrradnähe zur City bedeutet, sie muss zu den Top-Verdienern der britischen Gesellschaft gehören. Das tut sie tatsächlich.

Wo wohnst du? – in Großstädten ist diese Frage ein Turbo-Identitätscheck. St. Pauli oder Blankenese, Haidhausen oder Grünwald, Aussersihl oder Zürichberg – man muss eine Person nicht mal sehen, man hat sofort eine Idee, ob sie eher links oder eher rechts ist, alt oder jung, arm oder reich. Die Namen der Stadtviertel sind zu Chiffren geworden, die Geografie ist verschmolzen mit sozialen Milieus, politischen Einstellungen und Lebenswelten.

Manchmal ändern sich diese Zuordnungen – Stadtsoziologen nennen das dann Gentrifizierung oder, das Gegenteil davon, Abandonment. Aber abgesehen von den Übergangsphasen, in denen sich die Gruppen mischen, weil die eine noch nicht ganz aus- und die andere noch nicht ganz eingezogen ist, scheint zu gelten: entweder Arbeiter oder Türken oder Hipster oder Bürgerliche oder Studenten oder ... Ein Forschungsbericht des Bundessozialministeriums kommt zum Ergebnis: Je größer die Stadt, desto größer die ethnische und die soziale Segregation.[46]

Erst mal ist das angenehm. Ich mag es, in meinem Lieblingscafé Menschen kennenzulernen, mit denen ich schnell fünf Gesprächsthemen finde. Aber gesamtgesellschaftlich betrachtet, ist das ein Problem. Wenig hat so viel Einfluss auf unseren Alltag wie unser Wohnort. Er bestimmt nicht nur, wen wir in Cafés treffen. Er bestimmt auch, in welche Kita wir unsere Kinder bringen und welche anderen Kinder und Eltern wir dort treffen. Er bestimmt, in welchen Sportverein wir gehen und wer mit uns im Team spielt. Er bestimmt, wer im Wartezimmer des Hausarztes neben uns sitzt und wen wir in der Bäcker-Schlange kennenlernen. Unser Wohnort bestimmt häufig, wer unsere Freunde werden. Je segregierter also die Städte sind, je homogener die Viertel, desto blasiger die Lebenswelten ihrer Bewohner – und desto höher die Vorurteile gegenüber anderen Milieus.

Aber die umgekehrte Rechnung gilt genauso: Je unterschiedlicher die Menschen sind, die sich in einem Viertel begegnen, desto weniger Vorurteile hat jeder Einzelne über die jeweils Anderen. Das macht die Kalkbreite so interessant. Sie liegt im Zürcher Kreis vier, der wegen seiner Underground-Clubs und Arthouse-Kinos bekannt ist für eine junge, linke Szene. Kann die Kalkbreite inmitten dieses eher homogenen Milieus tatsächlich eine Insel der demografischen Diversität sein? Kann man mal eben das Naturgesetz der urbanen Gesellschaftsauffächerung aushebeln, indem man dieses Ziel ins Vermietungsreglement schreibt?

Nachdem ich einige Tage in der Kalkbreite verbracht habe, schreibe ich eine Liste der Bewohner nieder, die ich bis dahin getroffen habe. Ich muss schmunzeln. Es wirkt fast wie Diversitätssatire. Hinten in der «Gleise-WG» wohnt Rahel, eine lesbische Halbkenianerin, Halbschweizerin. Die größte Wohnung des Hauses hat eine siebenköpfige jüdisch-orthodoxe Familie bezogen, die jeden Freitagabend den Lichtsensor im Flur vor ihrer Wohnung abklebt, damit am Sabbat das Licht nicht angeht. Dann ist da Tato, der schwule brasilianische Masseur. Sein Freund, Pablo, der spanische Modedesigner, wohnt in einer WG, die direkt neben der Wohnung von Olivier und Ruth liegt, er Versicherungsexperte, sie Therapeutin, er Franzose, sie Deutsche. Dann ist da Frederike, die bürgerliche Cellistin. Neben ihr Silvia, die Rollstuhlfahrerin vom Land. Und noch ein paar Türen weiter Klaus, ein Elektriker mit DDR-Wurzeln, den Silvia «das Phantom» nennt, weil er sich so selten zeigt.

Von allen Menschen in der Schweiz haben 79 Prozent einen Schweizer Pass. In der Kalkbreite sind es 75 Prozent.[47] In der Schweiz verdienen 31 Prozent der Menschen zwischen 40 000 und 60 000 Franken. In der Kalkbreite sind es 29 Prozent.[48] In einigen Belangen scheint es der Kalkbreite tatsächlich zu gelingen, eine Mini-Schweiz zu sein. Aber nicht in allen. Die Bewohnerschaft ist jünger, weiblicher und besser gebildet als der Landesdurchschnitt. Der Unterschied ist nicht riesig, aber er ist da. Die großstädtischen Homogenisierungsprozesse, die anderswo zu starker sozialer Segregation führen, führen hier, weil sie etwas gebremst werden, zu schwacher sozialer Segregation. Diese Prozesse ganz zu stoppen, ist auch hier nicht möglich, wie ein Moment aus dem Herbst 2015 zeigt.

Im Cluster eins wurde damals ein Zimmer frei, etwas kleiner noch als das, in dem Silvia wohnte. Da die Bewohnerschaft zu diesem Zeitpunkt bereits etwas zu weiblich, etwas zu jung, etwas zu ausländisch und etwas zu gut gebildet war, hätte das Zimmer an einen Schweizer Mann über fünfzig ohne höheren Bildungsabschluss vergeben werden müssen. Vielleicht an einen Handwerker, von denen gab es sehr wenige.

Aber dann traf sich an einem Dienstagabend der Gemeinrat, die Vollversammlung der Bewohner. Etwa fünfzig Leute waren in die Cafeteria gekommen, Silvia saß ganz hinten. Als die Sprache auf das freiwerdende Zimmer kam, sah sie, wie Fred aufstand und nach vorn ging. Fred Frohofer, ein schlanker Mittfünfziger mit feinen Zügen und sanfter Stimme, wohnte in dem Zimmer, das dem freiwerdenden direkt gegenüberlag. Er sagte, man würde gern einen Flüchtling aufnehmen. Es war die Zeit, als hunderttausende Flüchtlinge nach Europa kamen, die meisten nach Deutschland, aber viele auch in die Schweiz. Fred und die anderen Bewohner des Clusters wollten ein Zeichen setzen. «Ich war gar nicht auf die Idee gekommen, dass man etwas dagegen haben könnte», sagt er später.

Als Fred ausgesprochen hatte, hob Silvia die Hand. Warum solle ein Ausländer einfach so eine günstige, schöne Wohnung bekommen? Ob man wisse, wie lange Rollstuhlfahrer auf so eine Wohnung warten müssten? Und bräuchte jemand, der gerade aus einem Kriegsgebiet geflohen sei, nicht viel Hilfe, auch von den Nachbarn? Sie könne das nicht leisten.

Fred hatte viel Nicken und Lächeln im Raum gesehen, während er gesprochen hatte, aber Silvia war nicht die Einzige, die jetzt Bedenken äußerte. Da hier nur einstimmig entschieden werden konnte, ließ er nicht abstimmen. Stattdessen fand er mit Hilfe seiner Nachbarn im Cluster eine andere, eine leise Lösung. Die ausziehende Frau vermietete ihr Zimmer ein Jahr lang unter – an einen Flüchtling. Dagegen konnte niemand etwas einwenden. So wurde aus dem Schweizer Mann, der hätte einziehen müssen, eine afghanische Frau, die tatsächlich einzog. Jamila Hadi, 55, aus Kabul.

Am Morgen des 6. Dezember 2015 rollte Silvia zur Großküche im Erdgeschoss, in der sonst jeden Abend ein Koch Essen zubereitete und in der jetzt ein Nikolaus-Brunch stattfand. Silvia hatte einen Zopf gebacken. Da sah sie Jamila zum ersten Mal. Sie trug eine rosa Strickjacke und hatte etwas mitgebracht, das aussah wie Milchreis, aber eine afghanische Süßspeise aus Zucker, Pistazien und Kardamom war. Es schmeckte ausgezeichnet. Sie redeten kurz miteinander. Worüber, weiß Silvia nicht mehr, aber sie fand es angenehm. Sie hatte einen Menschen erwartet, der traumatisiert war. Aber Jamila schien resolut zu sein und gar nicht hilfsbedürftig.

Silvia arbeitete nicht, weil sie nicht mehr konnte. Jamila arbeitete nicht, weil sie noch nicht durfte. Beide hatten Zeit. Sie besuchten sich gegenseitig. Manchmal aßen sie gemeinsam und manchmal gingen sie zum Nähkurs, den Pablo in der Cafeteria anbot. Silvia hatte noch ein Generalabonnement für die Schweizer Bahn und einmal, als sie aufbrach zu einem Tagesausflug an den Genfer See, traf sie an der Tramhaltestelle vor dem Haus Jamila, die sagte, da würde sie auch gern mal hinfahren. Als Rollstuhlfahrerin hatte Silvia das Recht auf eine Begleitperson. Beim nächsten Mal fuhr Jamila mit. Im Winter nahmen sie einen Zug ins Bündnerland, raus aus dem Zürcher Nebel, hinauf in die klare, kalte Bergwelt, der Schnee lag meterhoch, sie saßen trotzdem draußen, gewärmt von der Höhensonne, von zwei Lammfellen und dem Punsch, den sie tranken.

Sie fuhren auch zur Eröffnung des Gotthard-Tunnels. Silvia erklärte Jamila das Wort «Jahrhundertprojekt» und Jamila machte sich lustig über Silvia, weil die inmitten von tausenden Leuten auf einem Festplatz eingeschlafen war, während Jamila mit Bällen auf Dosen geworfen und eine Tasche gewonnen hatte. Silvia zeigte Jamila die Schweiz. Und Jamila wusch und kochte für Silvia, deren Lieblingsspeise mittlerweile Kabuli Palau geworden war, ein afghanisches Reisgericht mit Möhren, Rosinen und Lammfleisch.

Jamila Hadis Geschichte ist nicht nur ein weiteres Beispiel für die Kraft von Kontakt. Sie zeigt auch, gleich doppelt, wie widerspenstig die menschliche Natur diesem Kontakt gegenüber ist. Die Bewohner der Kalkbreite haben sich auf eine Quote geeinigt, um Diversität herzustellen. Aber in einer Situation, für die die Quote eigentlich gemacht ist, will Silvia dann doch lieber einen Rollstuhlfahrer einziehen lassen. Und Fred doch lieber einen Flüchtling. In dieser einen Sache waren sich die beiden einig: Dieses eine Mal könne man die Regel ja ignorieren.

Dieses eine Mal – das gibt es ständig in der Kalkbreite. Die menschliche Sehnsucht nach Gleichgesinnten findet immer neue Wege, um mehr Homogenität ins Haus zu pressen. Die Wohngemeinschaften sind das Haupteinfallstor. Wenn ein Zimmer frei wird, entscheiden die Mitbewohner selbst, wer einzieht – und verändern damit das demografische Gefüge des ganzen Hauses. Als ich den Murmelibau besuche, die größte WG mit siebzehn Zimmern, zählt Markus, ein Endvierziger mit Brille und Rollkragen, der mich durch die Wohnung führt, die Berufe seiner Mitbewohner auf. Er sei Landschaftsarchitekt, dann sei da noch ein Architekt, ein Sozialarbeiter, noch ein, nein, noch zwei weitere Sozialarbeiter, ein Pfleger, eine Kindergärtnerin, insgesamt dominierten schon die sozialen Berufe, sagt er. Zwei Stockwerke drüber wohnen drei Psychologiestudenten zusammen, die sich aus dem Studium kennen. Dazu noch ein Ökonomiestudent im selben Alter.

Eine Mitarbeiterin der Geschäftsstelle sagt: «Die Einhaltung der sozialen Durchmischung bereitet uns riesige Probleme.»

Gemessen daran gelingt sie dennoch erstaunlich gut. Zumindest, was die fünf Kriterien im Vermietungsreglement angeht. In einer Hinsicht allerdings gelingt sie überhaupt nicht – bei der politischen Einstellung.

Im Nationalrat, dem Schweizer Parlament, ist die rechtspopulistische SVP mit 65 Sitzen die mit Abstand stärkste Fraktion. In der Kalkbreite kann ich keinen einzigen Bewohner finden, der sie wählt. Oder wenigstens mit ihr sympathisiert.

Dieses Haus ist durch und durch links. Selbst Menschen, die aus konservativen Familien stammen wie Frederike, die Cellistin, sind mit der Zeit nach links gerückt. Politische Konflikte begegnen mir in der Kalkbreite keine – außer vielleicht der Kampf um das Plakat im lilafarbenen Treppenhaus.

Fred Frohofer und die anderen Mitglieder der Leicht Leben AG, deren Ziel es ist, das ökologische Bewusstsein der Kalkbreite-Bewohner zu stärken, haben Plakate entworfen. Auf einem geht es um den Wasserverbrauch. Auf anderen um Elektrosmog oder Feinstaub. Eines informiert darüber, dass die Umstellung auf Ökostrom jeden Bewohner weniger als einen «Schoggistängel» im Monat kosten würde, einen Schokoriegel.

Die Kalkbreite hat sieben Treppenaufgänge, jeder ist in einer anderen Farbe gestrichen. In jeden hängten die Leicht-Leben-Leute ein Plakat. Am nächsten Morgen sah Fred, dass im lilafarbenen Treppenhaus das Plakat umgedreht war. Er sah nur noch die weiße Rückseite. Fred drehte es wieder zurück. Am nächsten Tag war es wieder gedreht. Fred drehte es zurück. Am nächsten Morgen stand er wieder vor der weißen Rückseite. Er hängte ein anderes Plakat auf. Es änderte nichts. Er probierte jedes Motiv aus. Immer war das Plakat am nächsten Tag umgedreht. In den anderen Treppenhäusern gab es kein Problem.

Fred hängte einen Zettel mit einer Nachricht neben das Plakat. Man könne doch miteinander sprechen. Niemand meldete sich. Dann schrieb er eine persönliche Botschaft an den Plakatdreher auf die Rückseite des Plakats. Am nächsten Tag konnten sie alle lesen.

Fred brachte einen Wechselrahmen an. Das Plakat hing jetzt hinter Plexiglas. Am nächsten Morgen war es gedreht. Der Plakatdreher musste sorgsam das Glas entfernt, das Plakat umgedreht und das Glas wieder eingesetzt haben. Es war nichts kaputtgegangen. Offenbar hatte er oder sie handwerkliches Geschick.

Fred drehte zwei Schrauben in den Rahmen, eine links,

eine rechts. So leicht würde er nicht aufgeben. Fred lebt vegan, trägt nur Second-Hand-Klamotten, fliegt nahezu nie und arbeitet bei Greenpeace. Die Ökologie ist ihm wichtig. Aber offenbar besaß der Plakatdreher einen Inbusschlüssel.

Nach etwa vierzig stillen Schlachten hängte Fred im Herbst 2018 ein neues Motiv auf, ein Plakat gegen die Selbstbestimmungsinitiative, eine Volksabstimmung, die die SVP eingebracht hatte. Wenn sie angenommen würde, so befürchteten ihre Gegner, zu denen Fred gehörte wie alle anderen Menschen, die ich in der Kalkbreite getroffen hatte, dann würden wichtige internationale Verträge ihre Gültigkeit für die Schweiz verlieren. Als Fred am nächsten Morgen nachschaute, hing das Plakat noch richtig rum. Und so blieb es auch, bis die Schweizer im November die Initiative abschmetterten. Dann hängte Fred das Plakat ab und erst mal kein neues auf. Der Plakatdreher hatte gewonnen. Wer war er?

Der erste Name, den ich höre, ist: Klaus. Also, denke ich, rede ich mal mit Klaus. Ich gehe zu seiner Tür, um an der goldenen Klingel zu drehen. Aber sie ist abgeschraubt. Stattdessen hängen da ein kleines schwarzes Notizbuch und ein jungfräulich spitzer Bleistift. Ich schaue im Kalkbreite-Telefonbuch nach, da steht keine Nummer von Klaus und auch keine E-Mail-Adresse. Ich klopfe an seine Tür. Niemand öffnet. Ich probiere es noch einige Male. Nie bekomme ich eine Reaktion. Ich werfe ihm einen Brief in den Briefkasten – und höre nichts.

Ich habe zu diesem Zeitpunkt mit fast drei Dutzend Kalkbreite-Bewohnern gesprochen. Selbst die jüdisch-orthodoxe Familie, die mir als sehr zurückgezogen beschrieben wurde, hat mich in ihrer Wohnung empfangen. Alle redeten – bis auf Klaus. Und er redet nicht nur nicht mit mir. Offiziell ist er Teil von Silvias Cluster, aber er hat sich schon lange nicht mehr blicken lassen. Ich finde niemanden, der ihn gut kennt. Offenbar will er keinen Kontakt. Was völlig in Ordnung ist. Es kann ja keinen Zwang geben zur Begegnung, auch in einem Haus nicht, das darauf ausgelegt ist. Das muss jeder

Nachbar respektieren, und die meisten tun das. Es ist ohnehin angenehm, wie wenig ideologisch die allermeisten Bewohner sind. Die Kalkbreite fühlt sich nicht an wie eine Kommune, eher wie ein Marktplatz, den man betreten kann oder nicht. Und Klaus entscheidet sich das nicht zu tun.

Ich schreibe hier nur über ihn, weil sein Fall exemplarisch zeigt, welchen Preis man für den Rückzug zahlt. Von allen Bewohnern scheint Klaus, der in Wahrheit anders heißt, derjenige zu sein, der am meisten Distanz zwischen sich und seine Nachbarn bringt. Damit öffnet er einen Raum für Vorurteile, für Projektionen. Jemand sagt mir, Klaus sei ein Rechter. Ein anderer, er sei ein extremer Linker. Ein Dritter, er sei ein radikaler Öko. Ich höre, er sei ein Trinker, ein Rebell, ein kluger Feingeist. Leute sagen, er sei geizig, belesen, interessiert an einer Frau, die jung genug sei, um seine Tochter zu sein.

Es dauert eine Weile, bis ich verstehe, warum mir diese Klaus-Gerüchte so seltsam vorkommen. Sie sind ja gewöhnlicher Tratsch. Dann begreife ich: Genau das ist der Punkt, hier sind sie eben nicht gewöhnlich. Hier sind sie ungewöhnlich. Insgesamt stoße ich in der Kalkbreite auf wenig Vorverurteilung. Vielleicht ist die Erklärung dafür, dass die Menschen hier tatsächlich mehr miteinander sprechen als übereinander. Klaus ist die Ausnahme.

Alle Türen in der Kalkbreite sehen gleich aus und doch verschieden. Erst mal bestehen sie aus hellem, schwerem Holz. In Hüfthöhe ist die Klingel angebracht. Die meisten Bewohner belassen es aber nicht bei dieser Gleichförmigkeit. Silvia hat ein Bild der pakistanischen Friedensnobelpreisträgerin Malala Yousafzai an ihre Tür gehängt. Frederike ihr Schild, das sie als Cellistin ausweist. Dazu Fotos eines Tunesien-Urlaubs. An anderen Türen hängen von Kinderhänden gemalte Bilder, ein Foto der Erde, ein chinesisches Filmplakat. Die Bewohner nutzen ihre Wohnungseingänge als Schaufenster, als Hinweise auf das eigene Ich.

Auch Klaus hat seinen Eingang verändert. Er hat nichts an die Tür gehängt, aber an dem Schuhschrank daneben klebt ein NABU-Sticker, der einen Kormoran zeigt, «Vogel des Jahres 2010». Ein zweiter Sticker zeigt einen Kleiber, «Vogel des Jahres 2006». Auf einem dritten steht «Nature Ressources» und daneben ist ein leerer Akku zu sehen.

Von all den Projektionen, die ich über ihn gehört habe, scheint mir die vom radikalen Öko deswegen am wahrscheinlichsten zu sein. Ich glaube nicht, dass er der Plakatdreher gewesen ist. Warum sollte jemand, dem offensichtlich die Natur am Herzen liegt, die Leicht-Leben-Plakate drehen, die ebenfalls aus einem ökologischen Bewusstsein heraus aufgehängt wurden? Aber natürlich ist das auch wieder nur eine Projektion, mein Vorurteil, das ich weder verifizieren noch falsifizieren kann. Dafür müsste ich mit Klaus sprechen.

Am Tag meiner Abreise schreibe ich einige dieser Gedanken in das Notizbuch an Klaus' Tür. Es ist der erste Eintrag. Er füllt siebzehn Seiten. Dann fahre ich zum Bahnhof. Drei Tage später bekomme ich einen maschinengeschriebenen Brief.

«Wessen man mich verdächtigt, habe ich nicht geahnt», schreibt Klaus. «Manche mögen dem Plakatdrehen ja etwas Rebellisches abgewinnen. Das beschäftigt mich nicht weiter. Gerüchte kommentiert man nicht, weil das der berühmte große deutsche Philosoph Cohrs für uns schon getan hat. ‹Der Quatsch wird immer quetscher, bis es quietscht!› Das ganze Haus hockt voller Sozialarbeiter und Psychologen. Da würde man doch etwas mehr Verständnis erwarten für vermeintliche Sonderlinge. Was meinst? Ist das ein positives Vorurteil zu Berufsgruppen?» Jetzt weiß ich, dass er klug ist. Belesen wahrscheinlich auch. Er schließt mit einem handgeschriebenen «Moin, Moin!». Aber vorher kommentiert er noch einen Satz, den ich in sein Notizbuch geschrieben habe: «Vorurteile wachsen dort, wo Menschen sich nicht kennen, wo Distanz zwischen ihnen liegt.» Klaus antwortet: «Deine These scheint mir unterkomplex. Sie beantwortet nicht, warum sich langjährige Nachbarn in den Balkankriegen der Neunziger beraubten, vergewaltigten und massakrierten. Die Leute haben Jahrzehnte gemeinsam in Staatsbetrieben gearbeitet und ihre Kinder haben dieselben Schulen besucht.»

Ich lese das und bereue, dass ich nicht noch weitere siebzehn Seiten seines Notizbuches gefüllt habe. Denn natürlich hat Klaus recht. Dieses Argument ist ein großes Aber zur Kontakthypothese. Nicht nur auf dem Balkan verrieten sich Freunde. In Ruanda metzelten Menschen ihre Nachbarn mit Macheten nieder. Aus fast allen Kriegen kennt man Geschichten von Menschen, die sich gut kannten – und trotzdem einem Vorurteil folgten, als ob sie nichts übereinander wüssten. Von Menschen also, die der Kontakt offenbar nicht geimpft hatte gegen Hass und Feindseligkeit, bei denen die Empathie versagt hat. Wie ist das zu erklären?

Die Antwort gibt das nächste Kapitel und sie führt geradewegs zur Antwort auf eine weitere Frage. Kann die Kraft des Kontaktes, die sich zwischen den Hermes und ihren Serben zufällig entfaltete, die Thorleif Link gezielt einsetzte, um Jamal vom Islamismus abzubringen, die das Leben von Finbarr O'Brien und Chris Lyons veränderte und in der Verlängerung auch das der Iren, die in der Kalkbreite viele Nachbarn zu Freunden gemacht hat, kann diese Kraft auf noch größerer Ebene dabei helfen, ganze Gesellschaften zu versöhnen, sogar solche, die tiefgespalten sind? Die kurze Antwort ist: Ja, kann sie. Es gibt eine Gesellschaft, der das gelungen ist. Eine, die das Werkzeug des Kontakts bis heute so radikal und großflächig einsetzt wie vielleicht keine andere auf der Welt. Um diese Gesellschaft wird es im letzten Kapitel gehen. Zuvor aber kriegt Klaus noch seine Antwort.

DIE
GEMEINSCHAFT

Wie Kontakt zu Krieg führen kann

E ines der berühmtesten sozialwissenschaftlichen Experimente stammt aus dem Sommer 1954.[49] Psychologen in Oklahoma wählten damals 22 Fünftklässler aus, die sich nicht kannten, aber einander sehr ähnlich waren: Alle waren sie Jungs, alle weiß, alle protestantisch, alle Mittelstandskinder, alle hatten sie ähnliche Schulnoten. Elf fuhren in ein Camp, die elf anderen in ein zweites nicht weit weg.

Nach einer Woche organisierten die Psychologen ein Turnier, das aus Sportarten wie Baseball oder Tauziehen bestand. Die Teams gaben sich Namen, die Adler, die Klapperschlangen. Noch vor dem Start des ersten Wettbewerbs beleidigten sie sich gegenseitig. In den Tagen darauf verbrannten die Adler die Flagge der Klapperschlangen. Die Klapperschlangen überfielen das Quartier der Adler, klauten die Jeans des Kapitäns und benutzten sie als Flaggenersatz. Die Adler rächten sich, indem sie in das gegnerische Camp eindrangen und die Betten mit Dreck beschmierten, dann zogen sie sich in ihr Camp zurück und präparierten Waffen, indem sie Steine in Socken steckten. Als ein Faustkampf ausbrach, beendeten die Psychologen das Experiment.

Innerhalb einer Woche hatten die Jungen zwei Stämme geformt. Das Individuelle zählte nicht mehr, nur noch das Wir, das Sie. So stark war ihre Gruppenidentität geworden, dass sie Gewalt anwendeten gegen Menschen, die ihnen objektiv so ähnlich waren wie die eigenen Teammitglieder. Ihr Kontakt führte nicht zu Empathie, er führte zu Krieg.

Als der britische Sozialpsychologe Henri Tajfel von diesem Experiment las, fragte er sich: An welchem Punkt genau war diese Feindseligkeit entstanden? Am Anfang waren die Jungs gleich. Am Ende waren sie Feinde. Wann hatten die Unterschiede die Gemeinsamkeiten verdrängt? Er dachte sich ein Experiment aus.[50]

Auch Tajfel begann mit Menschen, die sich ähnlich waren. In seinem Fall mit Studenten der Universität Bristol, an der er lehrte. Er ließ sie einzeln in sein Büro kommen. Auch er teilte sie nach dem Zufallsprinzip in zwei Gruppen ein. Er machte das mit unterschiedlichen Methoden, einmal, indem er vor ihren Augen eine Münze warf und so sicherstellte, dass sie sahen, dass es der Zufall war, der die Gruppen bestimmte, und kein wirklicher Unterschied zwischen ihnen.

Jetzt würde Tajfel anfangen, so war sein Plan, kleine Unterschiede einzuführen. Eine Gruppe könnte zum Beispiel Hüte tragen und die andere nicht, und immer so weiter. Mit jedem zusätzlichen Unterschied würden die Gruppenidentitäten stärker werden. Ab wann würden die einen die anderen nicht mehr als Menschen sehen, sondern als die «Anderen»? Wann würde das Stammesdenken übernehmen?

Bevor er damit anfing, sagte er zu den Studenten: «Wenn ihr schon mal hier seid, könnt ihr noch schnell bei einem zweiten, völlig unabhängigen Experiment aushelfen?» Natürlich war das der Teil, um den es wirklich ging. Die Studenten wurden gebeten, Geld auf zwei Gruppen zu verteilen, von denen eine so hieß, reiner Zufall, sagte Tajfel, wie die, der sie gerade zugeordnet worden waren. Tajfel erwartete, dass die Studenten keine Präferenz für die eine oder andere Gruppe zeigen würden. Warum auch? Es war ein unabhängiges Experiment. Außerdem waren sie, seit sie vor einigen Minuten ihre Gruppenzugehörigkeit erfahren hatten, alleine in einem Raum gewesen. Sie kannten kein einziges Mitglied der eigenen Gruppe und keines der anderen. Es gab keine, wirklich gar keine gemeinsame Identität, keine Erlebnisse, nicht eine Sekunde gemeinsam verbrachte Zeit, nichts, was die Gruppe ausmachen würde, außer einem Namen, den ganz offensichtlich der Zufall bestimmt hatte. Doch wenn es darum ging, das Geld zu verteilen, bevorzugten die Studenten systematisch die «eigene» Gruppe.

Es brauchte kein Sportturnier, es brauchte keine Hüte. Ein Münzwurf hatte gereicht, um das Stammesdenken zu wecken. Seither haben Sozialpsychologen in unzähligen Experimenten nachgewiesen, dass Menschen wegen kleinster Nichtigkeiten Gruppenidentitäten ausbilden. Wir können nicht anders. Selbst Babys machen das schon, zum Beispiel wenn weiße Babys schreien, wenn sie einen schwarzen Menschen sehen, oder andersrum.[51]

An sich wäre diese Gruppenbildung nicht schlimm, wenn mit ihr nicht zwei Effekte einhergehen würden, die beide auch im Experiment in Oklahoma sichtbar wurden. Erstens: In Gruppen verlieren Menschen den Blick für die Realität. Neben Baseball und Tauziehen maßen sich die Adler und die Klapperschlangen auch im Bohnensammeln. Jeder Junge übergab seine Ausbeute dem Versuchsleiter, der dann so tat, als ob er sie auf die Fläche eines Projektors schütte, sodass die Jungen beider Teams die Bohnen sehen konnten. In Wahrheit schüttete er aber eine vorbereitete Anzahl an Bohnen auf die Fläche, bei jedem Jungen exakt gleich viele. Jedes Mal ließ er die Jungen die Anzahl schätzen. Die Jungen überschätzten systematisch die Leistung der eigenen Teammitglieder und unterschätzten die Leistung des Gegners. Wahrscheinlich antworteten sie in diesem Fall unbewusst falsch.

Aber die Psychologen hatten auch beobachtet, wie die Adler untereinander damit prahlten, dass sie die Klapperschlangen verjagt hatten, obwohl das gar nicht stimmte. In einer anderen Situation beobachteten sie, wie die Klapperschlangen sich gegenseitig davon überzeugten, die Adler hätten Müll an ihren Strand gelegt. In Wahrheit hatten sie ihn selbst am Vorabend dort liegen lassen. Die Teams mussten die Wahrheit jeweils kennen, zumindest einige ihrer Mitglieder, aber das war egal. Sie logen und bogen sich die Realität so zurecht, dass sie der Wir-gegen-Sie-Erzählung diente. Ihre Wahrnehmung hatte sich tribalisiert.

Im November 1951 spielten die Football-Mannschaften aus Princeton und Dartmouth gegeneinander. Im zweiten Viertel musste der Princeton-Star mit gebrochener Nase vom Feld. Im dritten Viertel brach sich ein Dartmouth-Spieler ein Bein. Kaum ein Spielzug kam ohne Foul aus. Es war eines der brutalsten Spiele des amerikanischen College-Footballs. Princeton gab später Dartmouth die Schuld und Dartmouth Princeton.

Einige Wochen später zeigten Sozialpsychologen in Hörsälen beider Universitäten das Spiel noch einmal – und ließen die Studenten einen Fragebogen ausfüllen. Die Princeton-Studenten zählten doppelt so viele Fouls wie die Dartmouth-Studenten. Sie ermittelten ein Verhältnis von schweren zu leichten Fouls von zwei zu eins. Die Studenten in Dartmouth: eins zu eins. In Princeton sagten 86 Prozent, Dartmouth habe angefangen. In Dartmouth waren nur 36 Prozent dieser Ansicht.[52]

Die Studenten beider Universitäten hatten denselben Film über dasselbe Spiel mit denselben Fakten gesehen – und waren zu völlig anderen Ergebnissen gekommen. Es war ihnen wichtiger, zu ihrem Team zu halten, als richtig zu liegen. Sie verhielten sich tribal.

Vielleicht eignet sich Football nicht so gut für ein solches Experiment, könnte man einwenden, weil sich Spielszenen immer so oder so interpretieren lassen. Das kann man von dem Versuch, den der Sozialpsychologe Solomon Asch im selben Jahr durchführte, nicht behaupten.[53] Asch zeigte seinen Probanden ein Blatt Papier, auf dem eine Linie zu sehen war. Dann zeigte er ihnen ein weiteres, auf dem drei Linien zu sehen waren, eine exakt so lang wie die erste, eine deutlich länger und eine deutlich kürzer. Die Probanden erkannten die Linie, die gleich lang war, in mehr als 99 Prozent der Fälle. Die Aufgabe war sehr einfach.

Dann veränderte Asch das Experiment. Er schickte zusätzlich sechs Personen in den Raum, die, ohne dass es der Proband wusste, Teil des Versuchsaufbaus waren. Der Leiter fragte einen nach dem anderen, welche Linie so lang sei wie die erste, und die sechs Personen gaben, weil sie eingeweiht waren, alle die gleiche – falsche – Antwort. Der eigentliche Proband antwortete als Letzter. 37 Prozent schlossen sich der Antwort an, von der sie genau wussten, dass sie falsch war. Wie die Studenten aus Princeton und Dartmouth entschieden sie sich für die Loyalität zur Gruppe und gegen die Wahrhaftigkeit.

Seither gelangen Wissenschaftler alle möglichen Manipulationen. Sie schafften es, dass US-Demokraten eine republikanische Sozialpolitik unterstützten, indem sie ihnen vorgaukelten, es sei ihre Partei, die diese Politik befürworte. Andersrum funktionierte es genauso. Mit Positionen zum Klimawandel oder zu Waffengesetzen gelang ihnen Ähnliches. Es ist immer das Gleiche: Völlig egal, was es inhaltlich bedeutet, viele Menschen halten zu ihrem Team. Diese blinde Loyalität kann sehr gefährlich sein. Vor allem, wenn man den zweiten Effekt von Gruppenbildungen bedenkt, der sich schon im Experiment in Oklahoma zeigte: Die Aggression der Adler und der Klapperschlangen gegeneinander war keine Ausnahme, sie ist die Regel.

Forscher haben den Zusammenhang zwischen Gruppenidentität und Aggression gegen Außenstehende bis hinein in die menschliche Biologie nachgewiesen. Sehen wir ein Foto eines traurigen Menschen, der Teil unserer eigenen Gruppe ist, leiden wir mit. Zeigt es einen einer rivalisierenden Gruppe, empfinden wir Freude.[54] Sehen wir, wie einem Mitglied unserer Gruppe mit einer Nadel in die Hand gestochen wird, fühlen wir Schmerz. Bei einem Mitglied einer anderen Gruppe kümmert uns das nicht, unter bestimmten Bedingungen freut es uns sogar. Experimente im Hirnscanner zeigen, wie dann das Belohnungszentrum des Gehirns aktiviert wird.[55]

Wenn wir uns in unserer Gruppenidentität bedroht fühlen, zum Beispiel wenn wir eine rassistische Beleidigung hören, produziert unser Körper verstärkt das Stresshormon Cortisol. Man kann das im Speichel nachweisen. Wir reagieren so, als würden wir im Wald einem Wolf begegnen. Wir rüsten uns zum Kampf. Das bedeutet, wir nehmen Angehörige des anderen Lagers nicht mehr in erster Linie als Menschen wahr, sondern als Feinde.[56]

Das geschah in den Neunzigern während der Balkankriege, als sich Freunde verrieten. Als Teil ihrer Gruppe waren sie vollgepumpt mit Cortisol. So war es auch in Ruanda, als Hutu ihre Tutsi-Nachbarn mit Macheten niedermetzelten. So ist es auch heute, wenn Flüchtlingsunterkünfte brennen und Autos von AfD-Politikern. Wenn Menschen mit Autos in Demonstrationszüge rasen und Büros von republikanischen Abgeordneten angegriffen werden. Der Cortisol-Spiegel vieler westlicher Gesellschaften steigt.

Das wirft eine Frage auf: Auch Harald Hermes, Sven Krüger, Jamal und Finbarr O'Brien fühlten sich durch die Begegnungen mit ihren Feinden in ihrer Gruppenidentität bedroht. Warum führte der Kontakt bei ihnen zu Empathie und Freundschaft und nicht, wie zwischen den Adlern und den Klapperschlangen, zu Hass und Gewalt?

Harald Hermes, Sven Krüger, Jamal und Finbarr O'Brien trafen ihre Feinde allein in einem Wohnzimmer, im Sportraum eines Gefängnisses, in einem Büro eines Polizisten, an einer Hotelbar. Die Begegnungen waren entrückt von der Arena der Stammeskriege. Wären sich ein einzelner Adler und eine einzelne Klapperschlange abseits des Camps im Wald begegnet, sie hätten sich wahrscheinlich nicht geprügelt. Vielleicht hätten sie sich sympathisch gefunden. Aber das taten sie nicht. Sie standen mit zehn Teamkameraden auf einem Baseballfeld oder zogen gemeinsam an einem Seil. Die Princeton-Studenten saßen mit anderen Princeton-Studenten in einem Princeton-Hörsaal. Der Mann, der in Charlottesville mit seinem Auto in die Menge der Gegendemonstranten raste und eine Frau tötete, fühlte sich als Teil einer Gruppe, um ihn herum waren tausende Menschen aus beiden Lagern.

Der schottische Neurowissenschaftler Ian Robertson hat am Beispiel von Terroristen solche intensiven Gruppensituationen erforscht. «Wenn Menschen zusammenhalten, steigt der Oxytocin-Spiegel in ihrem Blut», schreibt Robertson.[57] Oxytocin ist das menschliche Bindungshormon, das auch dafür zuständig ist, die Brustdrüsen einer Mutter zur Abgabe von Milch an ein Baby zu stimulieren. Es wirkt wie eine natürliche Droge, die ein Hochgefühl auslöst. In intensiven Gruppensituationen wie bei einem Tauziehduell, oder wenn man als Teil einer Demonstration einer wütenden Gegendemonstration gegenübersteht, wird es ausgeschüttet und sorgt dafür, dass sich der Einzelne der Gruppe verbunden fühlt wie ein Kind seiner Mutter.

Kombiniert man es mit dem Dominanzhormon Testosteron, das in solchen Situationen ebenfalls ausgeschüttet wird, dann, so schreibt Robertson, sorge dieser Mix für ein biochemisches High, das viel stärker sei als Kokain oder Alkohol. «Diese Menschen betäuben so ihre Empathie und befähigen sich so, Andere als Objekte zu sehen und nicht als Menschen.» Deswegen seien Gruppen viel eher zur Barbarei fähig als Individuen.[58]

Klaus hat recht. Manchmal hat die Empathie keine Chance. Dann, wenn starke Gruppenidentitäten sie betäuben. Manchmal ist Kontakt kontraproduktiv. Dann, wenn nicht einzelne Menschen aufeinandertreffen, sondern Gruppen. Keine Individuen, sondern Stämme.

Wir sehen das gerade an vielen Orten, aber nirgendwo so stark wie in den USA. Der scheidende Präsident Barack Obama warnte in einer Pressekonferenz kurz vor dem Ende seiner Amtszeit vor «Tribalismus».[59] Noch vor wenigen Jahren hätte man gedacht: Was redet der da? Stämme? Die verorten wir in Afrika oder im Dschungel des Amazonas. Aber natürlich hatte Obama recht, sein Land ist in zwei Stämme zerfallen.

Die amerikanische Soziologin Arlie Russell Hochschild beschreibt sie in ihrem Buch *Strangers in their own land*.[60] Der eine Stamm, das blaue, liberale Amerika, lebt an den Küsten und in den Städten, liest die New York Times, isst bio, trennt Müll, fährt Rad oder öffentlich und hat öfter einen akademischen Abschluss. Der andere Stamm, das rote, konservative Amerika, lebt auf dem Land, schaut Fox News, isst Frittiertes, ist im Durchschnitt ärmer, dicker, kränker, fährt große Autos und ist weniger gebildet. Selbst die Vorlieben für Hunderassen unterscheiden sich, wie Hochschild beobachtet hat. Die Liberalen mögen Labradore, die Konservativen Bulldoggen.[61]

In Oklahoma standen sich elf Adler und elf Klapperschlangen gegenüber, sorgsam überwacht von Erwachsenen, die einschreiten konnten. Heute sind es Millionen Labradore und Millionen Bulldoggen und es gibt niemanden, der das Experiment beenden könnte.

Außer ihnen selbst.

Eine gute Nachricht gibt es: So wie das Stammesdenken der natürliche Feind der Empathie ist, ist die Empathie auch der natürliche Feind des Stammesdenkens. Damit sie sich durchsetzen kann, müssten nur genügend Labradore und Bulldoggen aus ihren Stammesformationen heraustreten und sich persönlich treffen, im kleinen, unpolitischen Rahmen. In Sporträumen, Hotelbars und Wohnzimmern. Aber was heißt: nur?

*

Conor Yates und Laura Messing sind sich nie begegnet, obwohl sie viel verbindet. Beide leben in New York. Beide sind
Anfang dreißig. Beide bezeichnen sich als eher unpolitisch,
wurden aber tief politisiert von der Wahl Donald Trumps.
Beide sagen, der Minderheitenschutz sei für sie die wichtigste politische Tugend, grundsätzlich, aber auch aus der eigenen Biografie heraus: Conor Yates ist schwul und Laura
Messing ist jüdisch.

Am Tag nach der Wahl ließ Conor Yates die Yoga-Stunde,
die er hätte unterrichten sollen, ausfallen und spazierte stattdessen mit einer Nachbarin durch Brooklyn, die meiste Zeit
schweigend, manchmal weinend.

Laura Messing ging zum Campus der Columbia University, wo sie Psychologie studierte, brach dort aber weinend
in einer Toilettenkabine zusammen und fühlte, so erinnert
sie sich, zum ersten Mal in ihrem Leben politischen Hass.
Diese egoistischen Idioten, die diesen Mann zum Präsidenten gemacht hatten!

Am Tag nach der Amtseinführung Donald Trumps marschierten Conor Yates und Laura Messing beide beim New
Yorker Women's March mit, zwei kleine Partikel einer politischen Masse aus Millionen Gleichgesinnten, zwei Mitglieder auf einer Stammesvollversammlung. Beide merkten aber
bald, dass es nichts bringen wird, nur mit Leuten zu reden,
die ohnehin dachten wie sie. Sie beschlossen: Wir müssen mit
den Menschen auf der anderen Seite sprechen, am besten eins
zu eins, in aller Ruhe, und sie überzeugen, dass sie falschliegen. Im Januar 2017 starteten Yates und Messing also vom
selben Punkt mit demselben Ziel.

Drei Monate später, im April 2017, treffe ich Conor Yates
und frage ihn, mit wie vielen Trump-Wählern er in der Zwischenzeit gesprochen habe. Mit keinem. Sein Partner, seine
Freunde, seine Nachbarinnen und Bekannten, seine Yoga-

Schülerinnen, die Journalisten, deren Artikel er liest, selbst seine Abgeordneten, die er manchmal anruft, um seinem Ärger Luft zu machen, sie gehören alle zu seinem Stamm. Er findet überall nur Bestätigung. Wo soll er überhaupt ansetzen? Er kennt keine Trump-Wähler, außer seinen Vater, aber mit dem spricht er schon lange nicht mehr, weil der die Homosexualität seines Sohnes nie akzeptiert hat.

Als Laura Messing nach der Wahl weinend in der Toilettenkabine saß, erschrak sie vor sich selbst. «Einerseits spürte ich diesen tiefsitzenden Hass auf alle, die für ihn gestimmt hatten. Ich dachte, das seien menschenhassende Schwachköpfe wie er. Andererseits wusste ich, dass das irrational war. Ich kannte ja keinen einzigen Trump-Wähler», sagt sie. An der Universität belegte Messing damals gerade einen Kurs mit dem Titel «Konfliktlösung und Mediation». Daher wusste sie, dass Menschen, wenn sie sich bedroht fühlen, simplifizieren und stereotypisieren. Sie wusste auch, dass das alles nur noch schlimmer macht – und jetzt entdeckte sie diese Reaktion bei sich selbst. «Da war diese interessante Dichotomie in mir und die wollte ich auflösen.»

Messing versammelte ihre engsten Freunde in ihrer New Yorker Einzimmerwohnung und fragte: Kennt ihr Konservative? Niemand meldete sich. Sie schrieb eine E-Mail an die Jugendorganisation der Republikanischen Partei in New York: Ein Abendessen, vier von uns und vier von euch, Interesse? «Ich dachte, diese Idioten melden sich eh nicht.» Nach einigen Tagen antwortete eine Samantha: Gute Idee, sehr gern.

An einem Samstagabend Mitte April saßen Messing und drei ihrer linksliberalen Freunde in ihrer Wohnung und warteten. Messing hatte einen langen Tisch geliehen und Stühle, sie hatte Blumen gekauft und Pizzateig, sie hatte Tischkarten geschrieben und Fragen vorbereitet. Das Bier stand kalt, der Rotwein war entkorkt, aber die Republikaner fehlten. «Die kommen nicht», sagten ihre Freunde. «Doch, glaubt mir, sie kommen», sagte Messing. Sie hatte einmal mit Samantha te-

lefoniert und einmal mit einem Mann namens Roger. Beide
waren nett gewesen.

Sie kamen. Samantha, Roger, eine koreanisch aussehende
Frau, die sich als Alli vorstellte, und ein bulliger schwarzer
Typ namens Joe. Schon das fand Messing überraschend, ein
Schwarzer und eine Asiatin, die Republikaner sind. Die
Gruppe stand etwas angestrengt in der Küche rum. Der
Wein half. Dann belegte jeder seine Pizza und Messing buk
eine nach der anderen in ihrem winzigen Backofen. Nach einer Weile war der Raum so vernebelt, dass der Rauchmelder
ansprang, es piepste ohrenbetäubend und auf einmal ging
alles schnell, einer stieg auf einen Stuhl, ein zweiter hielt dessen Beine fest, ein Dritter reichte ein Tuch, um den Rauch
wegzufächern, ein Vierter öffnete das Fenster. Und in der
wohltuenden Stille danach schauten sich alle an und lachten
über die erste überparteiliche Leistung des Abends. «Das
war ein schöner Moment. In gewisser Weise die Seele dessen,
was ich mir vorgenommen hatte», sagt Messing.

Im Sommer flog Conor Yates mit seinem Partner, den er
gerade geheiratet hatte, nach Italien in die Flitterwochen.
In einem Café in Florenz setzte sich ein älteres amerikani-
sches Paar neben sie und begann ein Gespräch. Yates hörte
das Wort «Lügenpresse» und wurde wütend. Das mussten
Trump-Wähler sein. Ausgerechnet am anderen Ende der
Welt bot sich ihm eine Chance zum Gespräch. Aber dafür
hatte er keinen Nerv, nicht in den Flitterwochen, erinnert er
sich später. Sein Mann und er gingen. Trump war ein halbes
Jahr im Amt und Yates hatte immer noch keine einzige Dis-
kussion mit einem Anhänger des Präsidenten geführt.

Etwa zur selben Zeit fand das zweite Abendessen statt,
diesmal bei Roger. Grillen im Garten. Zehn Leute. Laura
Messing hatte es gemeinsam mit Roger organisiert, auch Alli
hatte mitgeholfen. Manchmal hatten sie sich zum Kaffee getroffen, manchmal zum Abendessen, einmal waren auch Al-
lis Kinder dabei. «Ich habe eine einfache Sache gelernt, die
für mich trotzdem eine profunde Erkenntnis war», sagt Mes-

sing. «Es passiert nichts Schlimmes, wenn du dich mit jemandem von der anderen Seite verstehst. Ich dachte immer, das macht dich zum Verräter. Aber jetzt merkte ich: Nichts explodiert, du stirbst nicht, du verwandelst dich auch nicht in eine Kröte. Du bleibst derselbe Mensch, bist nur ein bisschen schlauer.»

Messing hatte es geschafft, zu sagen: Nein, es ist nicht diese Linie, die gleich lang ist, ihr sechs habt unrecht, es ist diese hier, schaut doch mal genau hin. Sie entschied sich gegen die Loyalität mit dem Team und für die Wahrhaftigkeit.

Im November 2017, ein Jahr nach der Wahl, hatte Yates immer noch mit keinem Trump-Wähler diskutiert. Laura Messing hatte inzwischen sechs Abendessen veranstaltet. Sie hatte eine Website aufgebaut und sich den Namen «Experiment in Dialogue» ausgedacht. Sie hatte Spenden eingetrieben und Locations gesucht und all das hat sie zusammen gemacht mit Samantha, die sie jetzt Sam nannte, vor allem aber mit Roger und Alli, die enge Freunde geworden sind. Während der Abendessen hatte sie mit vielen Konservativen geredet und eine junge Frau hatte ihr sogar gesagt, dass sie nach dieser Erfahrung nicht noch mal für Trump stimmen würde.

Eigentlich war es so einfach gewesen – es reichte, miteinander zu essen. Aber wie schwer das war! Man muss sich nur vor Augen führen, was alles zusammenkommen musste. Messing musste klug und reflektiert genug sein, ihrem Hass nicht zu folgen, sondern zu erkennen, dass er irrational war. Da half es, dass sie gerade – an einer der besten Universitäten der Welt – einen Kurs belegte, der ihr genau das beibrachte. Dann brauchte sie den Mut, die Gegenseite zu kontaktieren. Und sie brauchte Zeit, um alles zu organisieren. Das machte sie im Büro, weil ihr Job sie nicht auslastete. Dann musste sie in den Nächten vor dem ersten Abendessen, in denen sie wach lag, den Gedanken verdrängen, dass es eine ganz, ganz bescheuerte Idee war, diese Leute in die eigene Wohnung zu lassen. Und sie musste ein paar hundert Dollar ausgeben für

Essen und Getränke. Wer macht das schon? Wer kann das überhaupt? Die meisten dürften den Weg von Conor Yates gegangen sein. Labradore wie Bulldoggen.

Messing hat ihre politische Einstellung nicht geändert. Wie Yates ist sie noch für Minderheitenschutz. Wie Yates verurteilt sie Trumps Entgleisungen. Wie Yates weinte sie nach Charlottesville. Würden sich die beiden treffen, würden sie sich wahrscheinlich blendend verstehen. Aber anders als Yates hat sie ihre Stammesidentität aufgegeben. Sie ist kein Labrador mehr. Sie ist jetzt Teil eines neuen Stammes, eines kleinen Mitte-Stammes, dem dank ihr nun auch Sam, Roger und Alli angehören und der sich dadurch auszeichnet, dass man darin politisch sehr unterschiedlicher Meinung sein, sich aber trotzdem menschlich mögen kann.

Sie haben eine neue Gruppe aufgemacht. Jetzt müsste sie nur noch wachsen, so sehr, dass sie die anderen beiden Gruppen erst einholen und dann schlucken würde, bis es nur noch diese eine gibt – so wie in einem Land am anderen Ende der Welt, wo genau das schon geklappt hat.

DIE BRIEFE

Wo Kontakt eine ganze Gesellschaft
befriedet hat

In der Tech-Welt gibt es eine Regel: Neun von zehn Start-ups scheitern, eines wird erfolgreich. So ähnlich ist es auch mit Afrika. In den Sechzigern starteten dort in einer Welle der Dekolonisierung Dutzende Länder in die Unabhängigkeit. Alle versprachen sich Wohlstand und Entwicklung. Die meisten versanken in Gewalt. Viele Menschen starben, Wirtschaften darbten und Infrastrukturen verkümmerten. Aber ein Land löste das Versprechen ein: Botswana.

In den drei Jahrzehnten nach seiner Unabhängigkeit 1966 wuchs Botswana wirtschaftlich stärker als die USA, als Deutschland, als China, stärker als jedes andere Land der Welt. Zu Beginn gab es gerade mal zwölf Kilometer asphaltierte Straßen in dieser Ödnis des südlichen Afrikas. Heute sind es 18 000 Kilometer. Es gab nicht mal eine Hauptstadt, weil die britischen Kolonialherren das Land aus dem benachbarten Südafrika regiert hatten. Heute funkeln, wo einst Savanne war, die Shopping-Malls der 230 000-Einwohner-Stadt Gaborone. Zu Beginn gab es im ganzen Land nur 22 Menschen mit Hochschulabschluss. Heute trifft man überall gut ausgebildete Menschen. Die Älteren haben in Südafrika, den USA, Großbritannien oder Schweden studiert, weil es in Botswana damals noch keine Universität gab. Aber nach einigen Jahren kehrten sie zurück und bauten

Ministerien und Krankenhäuser, Universitäten und Flughäfen. Sie zogen mit solcher Selbstverständlichkeit Stromleitungen und Wasserrohre durch die Savanne, dass es Menschen, die in diese Boomphase hineingeboren wurden, bald wie eine Absonderlichkeit vorkommen sollte, dass es in diesem Land noch Orte gibt, an denen kein Strom aus der Steckdose und kein Wasser aus der Leitung kommt.

Für die Bürger Botswanas ist Bildung weitgehend kostenlos, vom Kindergarten bis zur Universität. Jedes Jahr studieren tausende junge Botswaner auf Rechnung des Staates, die meisten im eigenen Land, viele im Ausland, einige auch an Eliteuniversitäten wie Harvard, Oxford und Co – Studiengebühren, Flugtickets, Miete, alles inklusive. Für Arztbesuche bezahlen Botswaner nichts, ebenso wenig wie für Saatgut, Dünger und Erntehelfer. Laut Transparency International ist Botswana nicht nur das am wenigsten korrupte Land Afrikas, es ist auch weniger korrupt als viele europäische Staaten, als Italien, Spanien oder Malta.[62] Und während anderswo in Afrika tattrige Diktatoren herrschen, beklagen botswanische Zeitungen, dass der Präsident das Genderziel eines ausgeglichenen Kabinetts verfehlt hat. Wie war das möglich, vor allem wenn man die Ausgangsbedingungen berücksichtigt?

Wie andere afrikanische Staaten war Botswana von Großbritannien beherrscht worden. Auch seine Grenzen waren mit brutaler Geradlinigkeit im fernen Europa gezogen worden. Auch sie rissen Stämme auseinander, die gern zusammen sein wollten, und sperrten andere zusammen, die darauf wenig Lust hatten. Und wie in anderen afrikanischen Ländern lagen auch im botswanischen Boden irre Reichtümer, in diesem Fall Diamanten, um die diese rivalisierenden Stämme hätten kämpfen können.

Aber während sich in Nigeria schon in den Sechzigern die Igbos und die Yorubas zu bekriegen begannen, während sich im Kongo die Provinzen Katanga und Kasai lossagten und das Land mit seinen 250 Ethnien im Bürgerkrieg versank, während sich in Mali die Tuareg erhoben, blieb es zwischen den etwa zwei Dutzend botswanischen Stämmen ruhig. Während später in Ruanda die Hutu einen Völkermord an den Tutsi begingen und in Sierra Leone die Diamanten die Stammesgewalt befeuerten, während ein ganzer Kontinent in ethnischen Konflikten versank, wuchsen die botswanischen Stämme zusammen zu einer Nation.

Als ich im Jahr 2018 durch Botswana reiste und mit Dutzenden Botswanern über ihre Identität sprach, erwähnte kein einziger ungefragt seinen Stamm. Vor fünfzig Jahren wäre das undenkbar gewesen. Jetzt bezeichneten sich die Menschen als Städter, als Weltbürger, als Feministen, als Afrikaner, aber die meisten sagten zuallererst: «Ich bin Botswaner.»

Dieses Land ist das vielleicht erfolgreichste Nation-Building-Beispiel der Geschichte. Es hat aus einer multiethnischen, multilingualen, teilweise verfeindeten Stammesgesellschaft eine Einheit geformt.

*

An einem Tag im März 2004 wurde die Religionslehrerin Carol Ramolotsana vom Direktor der Schule, an der sie arbeitete, in dessen Büro gerufen. Er übergab ihr einen Umschlag, DIN-A4, weiß, Stempel des Bildungsministeriums. Da wusste sie schon Bescheid. Ihre einzige Frage war: wohin?

Carol öffnete den Umschlag und las: «Lentsweletau». *Löwenhügel.*

Sie kannte diesen Ort nicht und das bedeutete in Botswana: Das muss ein Kaff sein. Carol sank in den Sessel vor dem Direktorenschreibtisch und begann zu weinen. Die Leere, die Sprachlosigkeit dieses Moments brannten sich in ihr Gedächtnis. Zu Hause betrachtete sie im Atlas die Umrisse ihres Landes. Eingezwängt zwischen Südafrika im Süden, Namibia im Westen und Simbabwe im Osten, ist Botswana größer als Deutschland, hat aber weniger Einwohner als Berlin. Carols Finger suchte über die Karte, und als er zur Ruhe kam, zeigte er auf einen kleinen Punkt am Rand der Kalahari-Wüste. Der Löwenhügel, 4000 Einwohner, lag im Bezirk Kweneng, Heimat des Bakwena-Stammes, der Krokodile verehrt.

Dort sollte sie leben? Dort sollte sie arbeiten? Sie, ein *city girl*, Lehrerin an einer Dorfschule?

Als Beamtin hatte Carol das Versetzungsrisiko gekannt, aber es war ihr so fern vorgekommen wie eine gefährliche Krankheit aus der Sicht eines jungen, gesunden Menschen. Wie etwas, das immer nur andere trifft. Gerade war sie noch eine glückliche 29-jährige Hauptstädterin gewesen, die abends in die Kinos von Gaborone ging oder essen, am liebsten Chinesisch, Hühnchen süß-sauer. Die Stammgast im O'Hagans Pub war, wo eine Freundin African Soul sang. Die gerade eine Fortbildung begonnen hatte, für die sie lange gespart hatte, 6600 Pula, 530 Euro. Das alles sollte jetzt vorbei sein, weil das jemand im Bildungsministerium so wollte?

Sie schrieb ans Ministerium. Sie ging hin. Es half nichts. Einige Tage später hielt ein Lastwagen vor ihrem Haus an der Schule, an der sie gearbeitet hatte. In Botswana ist es üblich, dass Lehrer, subventioniert vom Staat, auf dem Schulgelände wohnen. Kiste um Kiste trugen die Möbelpacker, die das Ministerium angeheuert hatte, hinaus. Ihre Couch, ihren Kühlschrank, ihr Bett – ihr ganzes Leben verschwand in diesem Lastwagen. Als er davonrumpelte Richtung Kalahari, blieb nur sie zurück, umgeben von der Stadt, die sie liebte, allein in einer leeren Wohnung.

Sie schlief in dieser Nacht auf der Couch ihrer Schwester. Genau wie die nächste Nacht und die nächste. Bis jemand vom Ministerium anrief: Entweder du fängst an zu arbeiten. Oder wir kündigen deinen Job. Am nächsten Morgen setzte sie sich in ihren Honda Civic und fuhr los.

Auch der Grundschullehrer Bakang Nkwe hatte den Namen des Ortes nie gehört, den das Ministerium für ihn ausgesucht hatte. Bakang stand eine Weile vor der Karte, die an der Wand des Direktorenzimmers seiner Schule hing. Als er das Dorf gefunden hatte, lag sein Kopf weit im Nacken. Nokaneng, 1500 Einwohner, hoch im Norden, wo der mächtige Okavango in der Kalahari versickert und das größte Binnendelta der Welt formt, Nordwestbezirk, Heimat der Herero, eines Stammes, von dem Bakang kaum etwas wusste.

Er war im Süden geboren worden und hatte ihn in den 24 Jahren seines Lebens nie verlassen. Hier hatte er studiert, sich in die Softball-Nationalmannschaft gespielt und seine Freundin kennengelernt, der er gerade einen Heiratsantrag gemacht hatte. Aber für eine Hochzeit war jetzt keine Zeit mehr.

Er stieg in den Bus nach Norden. Eine Zweitagesreise, 1200 Kilometer zwischen Gegenwart und Zukunft, zwischen der Welt, die er liebte, und der Welt, die er fürchtete. Freunde hatten geraunt, dort oben gebe es keinen Strom und kein Wasser, die Menschen dort seien so wild wie die Tiere und er solle aufpassen, dass er nicht von Löwen gefressen oder von Elefanten zertrampelt werde.

Als der Busfahrer an einer verlassenen Straße hielt, war es Nacht. Auf dem Weg zum Schulgelände, das etwas außerhalb des Dorfes lag, machte Bakang in der Dunkelheit eine Silhouette aus, die aussah wie ein Mensch mit riesigem Kopf, aus dem zwei Hörner ragten.

Carol steuerte ihren Wagen hinaus aus der Stadt. Die Glitzertürme von Gaborone verschwanden im Rückspiegel. Die Straße wurde enger, die Landschaft weiter. Am Straßenrand duckten sich jetzt einfache Häuser unter hohem Himmel, drumherum gelbgebleichte Savanne. Das Erste, was sie von Lentsweletau sah, war, links der Straße, ein zerfallenes Gebäude und, rechts, eine halbfertige Tankstelle. Kein Kino. Kein Club. Kein chinesisches Restaurant.

Die Schule bestand aus einigen Dutzend Häuschen, die in großem Abstand zueinander auf die rote Erde gewürfelt waren. Dazwischen spendeten Bäume ein wenig Schatten gegen die immer noch unbarmherzige Hitze des endenden Sommers. Sie holte sich im Schulsekretariat den Schlüssel für ein kleines Backsteinhaus, das für sie vorgesehen war, Hausnummer 24. Sie setzte sich aufs Bett und weinte.

In den Tagen darauf hörte sie draußen die Schüler lärmen. Carol blieb im Bett. Sie ignorierte jedes Klopfen an der Tür. Sie hatte einen Sack Reis mitgebracht, Pasta, Maismehl, fünf Kilogramm getrocknetes Hühnerfleisch und genug Cider für eine Weile. Es dauerte Tage, bis sie in ihre High-Heels stieg, sich eine Handtasche in die Armbeuge hängte und zum Unterricht ging. Die Kollegen lachten.

«Die feine Dame», sagte eine.

«Die Schuhe wirst du nicht lang tragen», eine andere.

So hatte sich Carol Dorfmenschen vorgestellt. Kurze Haare. Flache, ausgelatschte Schuhe. Keine Handtaschen. Sie war sicher, dass viele nicht duschten.

Die Mittagspausen verbrachte Carol allein in ihrem Haus. Nach dem Unterricht öffnete sie die erste Dose Hunter's Apple Cider, 4,9 Prozent, mitgebracht aus Gaborone, ihrer Sehnsuchtsstadt.

Sie hatte das Unterrichten geliebt. Seit ihre Lehrerin aus der sechsten Klasse manchmal Orangen mit zum Unterricht gebracht und den Kindern, die zu Hause keinen Kamm hatten, die Haare gekämmt hatte, wollte auch sie Lehrerin werden. Sie hatte dann, als sie eine geworden war, ihren Schülern Süßkram geschenkt. In Gaborone. Nicht hier. Hier blickte sie auf die Schüler und sah kleine Versionen der Dorfbewohner, die sie verabscheute. Manchmal gab sie ihnen am Anfang der Stunde etwas zum Lesen und verzog sich in ihr Haus.

Als sie ihre Vorräte ausgetrunken hatte, fuhr Carol zur Dorfbar. Sie ignorierte die Blicke, sie ignorierte auch den Gestank nach Achselschweiß und Arbeiterschuhen. Am Tresen bestellte sie Bier und trank es draußen, allein in ihrem Auto. Fünf, manchmal sechs Dosen am Abend. Dann fuhr sie nach Hause und schlief.

Die Silhouette in der Nacht hatte einer Herero-Frau gehört, die den typischen Kopfschmuck ihres Stammes getragen hatte, lernte Bakang. Von den etwa tausend Kindern, die die Grundschule besuchten, an der er unterrichtete, waren viele Hereros. Die meisten wohnten, wie er, auf dem Schulgelände. Der Weg in ihre Dörfer war zu weit, um ihn jeden Tag zu gehen. Bakang sollte sie unterrichten, was schwierig war, weil viele kein Wort Setswana sprachen. Auch kein Englisch. Die offiziellen Sprachen Botswanas – und die einzigen, die Bakang beherrschte.

Es kam ihm vor, als sei er nicht nur 1200 Kilometer durch die Wüste gereist, sondern auch fünfzig Jahre in die Vergangenheit. Es gab tatsächlich keinen Strom. Der nächste Lebensmittelladen war 215 Kilometer entfernt, genau wie die nächste Bank und das nächste Restaurant. «Essen gehen» konnte man in Nokaneng nur, wenn jemand in der Nachbarschaft eine Ziege oder eine Antilope geschlachtet hatte. Dann kriegten alle etwas ab.

Bald hatte Bakang genug Herero gelernt, um seine Schüler zu begrüßen. Bald konnten sie genug Setswana, um seinem Unterricht zu folgen. Seine Abende verbrachte er mit Kumpels, die er kennengelernt hatte, einige waren ebenfalls Lehrer und kamen, wie er, von weither. Mindestens ein Mal die Woche ging er abends auf die Suche nach Handyempfang. Mit etwas Glück kriegte er, wenn er in der Dämmerung auf einen Baum kletterte oder auf einen Termitenhügel stieg, einen Balken. Meistens stieg er doch in seinen 1985er-Passat und fuhr die halbe Stunde ins nächste Dorf, um mit seiner Freundin zu telefonieren. In den Ferien fuhr er in den Süden, um sie zu sehen. Er war nicht lange zurück von seinem zweiten Besuch, da sagte sie ihm am Telefon, dass ihre Regel ausgeblieben sei.

Er war nicht da, als seine Tochter geboren wurde. Er war nicht da, als sie ihre ersten Schritte machte. Dann machte seine Freundin Schluss. Die Distanz sei einfach zu groß, habe sie gesagt.

Als mir Carol Ramolotsana und Bakang Nkwe im Dezember 2018 ihre Geschichten erzählen, Carol im Haus ihrer Schwester, in dem sie damals übernachtet hat, Bakang in einem Hotelzimmer in Gaborone, färbt sich bei beiden Empörung in die Stimme. Auch nach Jahren noch. Ja, die Regierung muss dafür sorgen, dass auch die Menschen am Löwenhügel und in Nokaneng eine Schule besuchen können. Aber warum muss sie dafür Lehrer aus dem Süden in den Norden und von der Stadt aufs Land holen? Es gibt doch am Löwenhügel und in Nokaneng auch Lehrer. Aber die werden, wie die beiden erfahren haben, nachdem sie ihre Jobs angetreten hatten, teilweise in den Süden geschickt oder in die Stadt, obwohl sie das nicht wollen. Warum kann nicht jeder arbeiten, wo er herkommt?

Das botswanische Bildungsministerium ist in einem schwarz-weißen Glasbau im Zentrum Gaborones untergebracht. Im zweiten Stock sitzt Staatssekretär Simon Coles hinter einem hölzernen Schreibtisch, auf dem sich etwa zwanzig Zentimeter hoch ein Stapel aus Briefen, ausgedruckten E-Mails und Mitschriften von Telefongesprächen türmt. «Alles Beschwerden von unzufriedenen Lehrern», sagt Coles. «Die allermeisten werden abgeschmettert.»

Vom Bildungsministerium sind es nur drei Gehminuten zum Gesundheitsministerium. Dort gehen ähnliche Beschwerden ein, nur nicht von Lehrern, sondern von Ärzten und Krankenschwestern. Noch mal fünf Gehminuten weiter, im Ministerium für Lokales, sind es hauptsächlich Verwaltungsbeamte, deren Beschwerden abgelehnt werden. Im Landwirtschaftsministerium sind es solche von Ingenieuren und Agrarexperten.

Alle botswanischen Beamten, 120 000 Menschen, etwa

zehn Prozent der arbeitenden Bevölkerung, müssen jederzeit damit rechnen, in einen anderen Landesteil versetzt zu werden. Wenn in einer Gesundheitsstation eine Krankenschwester gebraucht wird oder in einer Klinik ein Arzt, wenn in einem Bezirksamt ein Fahrer fehlt oder in einem Rathaus eine Sekretärin, dann schickt die Regierung jemanden. Die Menschen werden nicht gefragt, sondern informiert. Viele beschweren sich, den meisten hilft es nicht. Woche für Woche transportieren Lastwagen Möbel durchs Land, vom Süden in den Norden, vom Osten in den Westen. Es muss nicht mal ein vakanter Posten sein, der einen Beamtentransfer auslöst. Lehrer zum Beispiel sollen alle fünf Jahre umziehen, sagt Bildungsstaatssekretär Simon Coles, aus Prinzip. Das sehe eine Richtlinie des Ministeriums vor.

Coles könnte eine Antwort auf das Warum geben. Genau wie seine Kollegen in den anderen Ministerien. Aber wenige können es so gut erklären wie Ponatshego Kedikilwe.

Kedikilwe, ein Mann mit mächtiger Statur und Bass-Stimme, trägt einen braunen Hut gegen die Sonne, als er auf der Veranda seines Hauses Platz nimmt. In diesem Dorf nahe der Grenze zu Simbabwe wurde er vor achtzig Jahren geboren, als hier noch die Briten herrschten. In diesem Dorf hat er sich 2014 zur Ruhe gesetzt. Dazwischen war er Abgeordneter, dreißig Jahre lang. Er war Handelsminister, Energieminister, Finanzminister und Bildungsminister, Stabschef des Präsidenten, schließlich Vizepräsident.

Kedikilwe sagt: «Den Beamtentransfers haben wir unsere nationale Einheit zu verdanken.» Man müsse sich nur mal zurückversetzen in die Zeit der Unabhängigkeit, in den Sommer 1966, sagt er. Als sich Botswanas Unabhängigkeit abzeichnete, waren andere Länder auf dem Kontinent diesen Schritt ja schon gegangen.

Der Kongo war 1960 unabhängig geworden und sofort in ethnischer Gewalt versunken.

Mali war ebenfalls 1960 unabhängig geworden, und schnell hatten sich die Tuareg im Norden erhoben.

Auch Nigeria war 1960 unabhängig geworden, bald war es zu ersten Auseinandersetzungen zwischen den Igbos und den Yorubas gekommen.

Es war offenkundig, dass an diesen Orten die Identitäten der Menschen nicht zu den politischen Strukturen passten, die Stammesloyalitäten nicht zum Nationalen der Grenzen und Verfassungen. Aus Botswana beobachtete Seretse Khama, schon Premierminister unter den Briten und bald der erste Präsident des unabhängigen Staates, wie der Tribalismus eine junge afrikanische Gesellschaft nach der anderen zerriss. Khama habe sich damals vorgenommen, sagt Kedikilwe, dies in Botswana nicht zuzulassen.

Aber auch in diesem Land waren die Stämme stark, jeder hatte sein Territorium, seinen Chief, sein Totem, meistens ein Tier, das, so glaubte man, etwas aussagte über die jeweiligen Menschen. Da waren die Kalanga im Norden, die Elefanten, die von sich sagten, sie seien gutmütig. Da waren die Batswena am südlichen Rand der Kalahari, die Krokodile, ein Kriegervolk, stolz und einfach gestrickt. Da waren die cleveren Affen und die listigen Schlangen, die Löwen, die Fische und da war Khamas eigener Stamm im Zentrum des Landes, die Bangwato, die Antilopen, die seit jeher eine Art Elite waren.

Die Stammesidentitäten würden weichen müssen und von einer nationalen, von Allen geteilten Identität ersetzt werden. In gewisser Weise befand sich Seretse Khama in einer ähnlichen Situation wie ein halbes Jahrhundert später die junge New Yorkerin Laura Messing. Er wollte die existierenden Gruppenidentitäten abbauen und eine neue etablieren – nur dass er, anders als Messing, politische Macht besaß. Im September 1966 wurde er der erste Präsident Botswanas.

Vielleicht gab es einen Heureka-Moment, vielleicht hatte Khama oder einer seiner Mitarbeiter die Idee, wie sich dieses Ziel erreichen ließ. Aber nach dem Gespräch mit Ponatshego Kedikilwe erscheint es wahrscheinlicher, dass sich die Lösung gewissermaßen von selbst präsentierte.

Die Regierung Khamas hatte dafür sorgen müssen, dass auch die Menschen in den entlegenen Regionen Botswanas eine Schule oder einen Arzt besuchen konnten. Die Menschen dort lebten ein autonomes, von Subsistenzwirtschaft geprägtes Leben, das sich über die Jahrhunderte kaum verändert hatte. Ihr Alltag orientierte sich am Rhythmus der auf- und untergehenden Sonne, am Warten auf den seltenen Regen und dem Ertragen der unbarmherzigen Hitze. Die Menschen waren Bauern. Lehrerinnen und Ärzte gab es dort nicht.

Also machte die Khama-Regierung, was vor ihr schon die Briten gemacht hatten: Sie schickte Leute hin. Zuvor waren es weiße Kolonialbeamte gewesen, jetzt waren es Botswaner, die zwar oft einem anderen Stamm angehörten, aber das sollte jetzt egal sein – in erster Linie waren es ja Mitbürger. Schnell wurde klar, dass diese Transfers einen interessanten Nebeneffekt hatten.

Die Beamten, die dafür zuständig waren, die Bildung und Gesundheit in den Dörfern zu verbessern, fanden dort neue Freunde. Einige verliebten sich, heirateten, kriegten Kinder – und diese Kinder hatten plötzlich Eltern, die unterschiedlichen Stämmen angehörten, manchmal sogar unterschiedliche Sprachen sprachen.

Überall im Land, in tausenden Eins-zu-Eins-Kontakten, brachen Vorurteile auf und wurden neue Bande geknüpft.

Exposure, sagt Kedikilwe auf der Terrasse, das sei der Schlüssel gewesen. Jeder Bürger müsse seinen Mitbürgern ausgesetzt sein, egal, welchem Stamm sie angehörten, welche Sprache sie sprächen, an welchem Ort sie wohnten. Als Kind, in den Vierzigerjahren, hätten ihn seine Eltern auf eine Grundschule fünfzig Kilometer entfernt geschickt, erzählt Kedikilwe. Als er ankam, sei er erstaunt gewesen, dass die Menschen dort gar nicht so dumm waren, wie die Leute in seinem Dorf behauptet hatten. Einmal hätten sich zwei Schuljungen gestritten, erinnert sich Kedikilwe. Einer habe gesagt, die Eisenbahn könne nur auf Gleisen fahren. Der andere habe insistiert, sie könne sich auch auf der Erde fortbe-

wegen. «Er hatte halt noch nie einen Zug gesehen», sagt Kedikilwe. «Er hätte nur einmal einen sehen müssen, dann hätte
er gewusst, dass er falschliegt.»

So wie der Junge über Züge dachte, das will Kedikilwe damit sagen, so denken Menschen in Stammesgesellschaften
übereinander. Die Schlangen sind listig, die Krokodile du-
schen nicht, die Herero sind so wild wie die Tiere, mit denen
sie sich das Land teilen. Die anderen, das sind die Feinde.

Während diese Vorurteile anderswo in Afrika Bürger-
kriege nährten, bemühte sich die Regierung Seretse Khamas
darum, sie weiter aufzubrechen. Mitte der Siebziger entschied sie, dass Beamte nicht mehr vorwiegend innerhalb
ihrer Region herumgeschickt werden, sondern im ganzen
Land. Jetzt wurden noch mehr Kinder geboren, deren Eltern
zwei Stämmen angehörten. So wuchs die Bevölkerung zusammen. Aber natürlich ist das nur die eine Seite, die Vogel-
perspektive, die eine Regierung einnimmt, wenn sie auf ihr
Land blickt. Die Menschen erscheinen dann als winzige
Punkte. Zusammengenommen mögen sie ein schönes Bild
ergeben, aber der Eindruck verändert sich, wenn man an einen dieser Punkte, an eines dieser Leben heranzoomt.

Nach ihrer Ankunft am Löwenhügel lebte Carol Ramolotsana das Leben einer Depressiven. Ihre Wohnung verließ sie
nur zum Unterrichten und zum Trinken. Sie widersetzte sich
dem Ausgesetztsein. Bis zu einem Samstag im Frühling, fünf
Monate nachdem sie angekommen war.

An diesem Tag war sie schon am Vormittag in die nächst-
größere Stadt etwa eine Stunde südwestlich des Löwenhügels
gefahren, um zur Abwechslung mal dort zu trinken. Sie saß
auf einem Plastikstuhl vor der «Big 6 Bar» und trank ein
Bier. Als es fast leer war, stand ein Mann auf und holte ihr ein
neues. Er war groß und hübsch, mit kräftigen Schultern und
breitem Lachen. Er sei Soldat, erzählte er. Sein Name sei
Thabo.

Thabo fragte: «Woher kommst du?» Und Carol sagte, etwas verschämt, wie sie sich erinnert: «Lentsweletau.» Er sagte: «Wirklich? Das ist mein Heimatdorf.»

Er lebte damals etwas weiter im Norden, auf einem Stützpunkt der Armee, aber eine Woche später besuchte er sie. Er brachte Freunde aus dem Dorf mit, die sich, als sie sahen, wer da die Tür öffnete, wunderten: Das ist deine Freundin? Die redet hier mit niemandem.

Er nahm Carol mit zu einer Hochzeitsfeier, das ganze Dorf war da. Vorher hatte er ihr drei Röcke gekauft, wie man sie auf dem Dorf zu solchen Anlässen trägt, einen blauen, einen roten, einen braunen. Sie fühlte sich wie eine Lady. Auf der Hochzeitsfeier stellte ihr Thabo viele Menschen vor. Sie redete nicht viel. Er redete für sie, aber sie merkte, wie sie sich öffnete.

Als an der Grundschule Nokaneng ein Lehrer gesucht wurde, der eine Klasse auf einem Ausflug ins Okavango-Delta begleiten könnte, meldete sich Bakang Nkwe freiwillig. Sie flogen mit einer kleinen Maschine übers mächtige Delta, Bakang im Sitz des Co-Piloten, unten schlängelte sich der Fluss und brachte die sonst so karge Landschaft zum Blühen. Abends, wenn die Kinder schliefen, saß er mit anderen Gästen der Lodge, in der sie übernachteten, am Fluss, der Mond schien, in der Ferne brüllten die Löwen, er trank ein Bier und noch eines und fragte sich, wie es sein konnte, dass er diesen magischen Ort nie zuvor besucht hatte.

Er traf Touristen, die aus Amerika, Großbritannien, Belgien, Deutschland und Japan kamen und pro Person mehr als tausend Dollar die Nacht zahlten, um hier die *Big Five* zu sehen. Bakang fragte sich, ob es nicht sinnvoll sei, hier ein Häuschen zu bauen. Aber dafür war schnell keine Zeit mehr, denn nach zwei Jahren in Nokaneng kam wieder ein Brief des Ministeriums: Francistown, 100 000 Einwohner, zweitgrößte Stadt des Landes, Zentraldistrikt.

Bakang atmete auf – endlich wieder Stadt, endlich wieder Ausgehen, endlich wieder Restaurants. Er lernte eine Frau kennen. Vier Jahre nach seiner ersten Tochter kam die zweite zur Welt. Für eine Weile war es schön, aber dann kam wieder ein Brief. Das Ministerium beorderte ihn zurück in den Süden, in seine Heimat, 500 Kilometer entfernt von seiner derzeitigen Tochter und Freundin, die jetzt ebenfalls Schluss machte.

Zu allem Unglück war seine Ex-Freundin, die ebenfalls Lehrerin war, mit seiner ersten Tochter inzwischen in ein kleines Dorf im entlegenen Westen umgezogen. Also sah er keines seiner beiden Kinder regelmäßig. Bakang war jetzt zwar stellvertretender Schulleiter und, das ist ihm wichtig, ein besserer Botswaner, weil er sein Land kennengelernt hatte, aber er war wieder allein.

Auf der Veranda erinnert sich Ponathsego Kedikilwe, dass er als Bildungsminister häufig solche Geschichten wie die von Bakang hörte. Wenn er Schulen besuchte, kamen häufig Lehrer auf ihn zu, und was sie erzählten, habe ihm manchmal das Herz gebrochen, sagt er. Er habe dann gesagt, mit so viel Empathie wie möglich, dass er den Schmerz gut verstehen, aber leider nichts tun könne. Dass das Wohl des Landes wichtiger sei als die Zufriedenheit des Einzelnen.

Es ist das alte Dilemma. Was ist wichtiger: der eine oder alle? Carols und Bakangs individuelle Freiheit zu leben, wo und wie sie möchten, oder das Wohlergehen des Kollektivs? Sind ein paar Monate Depression und ein von seinen Kindern getrennter Vater ein akzeptabler Preis, wenn das hilft, kongolesische oder nigerianische Zustände zu verhindern?

Ponatshego Kedikilwe wundert sich, wie man diese Fragen anders beantworten kann, als es Botswana tut. Ob wir in Deutschland nicht auch unsere Beamten dort einsetzten, wo sie dem Staatswohl am dienlichsten seien, fragt er mich und ich sage, wahrscheinlich würde man eine Revolution der deutschen Beamten lostreten, wenn man sie zwänge, alle fünf Jahre umzuziehen.

Andererseits, denke ich, haben wir ein solches System ja bereits, nur in kleinerem Maßstab. Ein Freund von mir ist Diplomat. Wie Carol Ramolotsana und Bakang Nkwe sagt ihm sein Ministerium, das Auswärtige Amt, auch alle paar Jahre, wohin er versetzt wird. Nicht nur innerhalb des eigenen Landes, sondern weltweit. Warum ist diese Zumutung für einen Diplomaten okay, für einen Lehrer aber nicht? Auch Soldaten der Bundeswehr werden versetzt, wenn es im Interesse Deutschlands ist, warum keine Finanzbeamten?

Vielleicht wäre es ja heilsam, wenn ein Polizist aus der ostdeutschen Provinz und ein Kiezpolizist aus St. Pauli mal für eine Weile den Arbeitsplatz tauschten. Bakang bekam fünfzig Euro extra im Monat, als er in Nokaneng arbeitete. Eine Kompensation für die erschwerten Lebensbedingungen. Vielleicht könnte man mit einem Zuschlag ja auch einen Sylter Straßenkehrer überzeugen, mal eine Zeit lang auf der Schwäbischen Alb zu arbeiten oder eine Verwaltungsbeamtin aus Oberammergau in Berlin Mitte.

Die Beamtentransfers waren nicht das einzige Kontakt-Werkzeug der botswanischen Regierung. Sie führte auch einen Zivildienst ein, der vorsah, dass junge Männer und Frauen nach der Schule ein Jahr in ein anderes Stammesgebiet zogen. Er funktionierte ähnlich wie der deutsche Zivildienst, nur dass es weder möglich war, im Krankenhaus nebenan Patienten zu pflegen, noch, in Costa Rica Schildkröten zu retten. Ganz nah und ganz fern gingen nicht. Es musste die Mitteldistanz sein, die fremde Nähe. Als ob man einen Münchner Abiturienten in die Lausitz schickte oder eine Schwarzwälderin nach Köln.

Außerdem, erzählt Kedikilwe, habe jeder Botswaner Anspruch auf ein kostenloses Stück Land. Man müsse nichts weiter tun, als ein Formular auszufüllen, dann teile die Regierung ein Grundstück zu. Allerdings befinde es sich eben häufig außerhalb des eigenen Stammesgebiets, sagt er und lächelt. Dann zeigt er auf der Veranda um sich, auf die Nachbarhäuser, und sagt, vor fünfzig Jahren sei ziemlich klar gewesen, dass jemand aus diesem Dorf dem Stamm der Kalanga angehört habe. Heute seien seine Nachbarn von überallher.

Der botswanische Integrationszwang wirke aus deutscher Perspektive ziemlich radikal, sage ich, ein bisschen übergriffig. Es gebe keinen Zwang, antwortet er. Niemand müsse Beamter werden. All das seien nur Anreize. Niemand müsse das kostenlose Land annehmen. Der Zivildienst, der tatsächlich verpflichtend gewesen sei, sei 1998 abgeschafft worden, auch weil die Regierung den Eindruck gehabt habe, die Gesellschaft sei ausreichend integriert. Es gebe aber viele, die ihm nachtrauerten.

In der Rückschau ist es erstaunlich, wie gut die botswanische Kontakt-Strategie funktioniert hat. Als Carol Ramolotsana an den Löwenhügel versetzt wurde, sagte sie: «Ich, ein *city girl*, Lehrerin an einer Dorfschule?» Wäre ihrer Großmutter dasselbe passiert, hätte sie wahrscheinlich gesagt: «Ich, eine Bangwato, bei den Bakwena?»

Als ich eine junge botswanische Französischlehrerin frage, welchem Stamm sie angehöre, sagt sie: «Ich hasse diese Frage. Meine Mutter ist Kgalagadi. Mein Vater ist Kalanga, aber das ist nur mein biologischer Vater. Beide waren Lehrer und wurden versetzt, deswegen trennten sie sich und ich wuchs mit einem Stiefvater auf, der einem dritten Stamm angehörte. Was soll ich auf diese Frage antworten? Sage ich Kalanga, verleugne ich Kgalagadi. Sage ich Kgalagadi, verleugne ich Kalanga. Ich bin Botswana.» Die Frau hat drei Kinder mit einem Mann, der wiederum einem anderen Stamm angehört. So weichen Generation für Generation die tribalen Identitäten auf. So sehr, dass einige mittlerweile fordern, man müsse die Sprachen und Riten der Stämme wieder lehren, damit sie nicht ganz verloren gehen.

Ein Lehrer erzählt, er sei mit einer Frau eines anderen Stammes verheiratet, die ebenfalls Lehrerin sei. Kennengelernt hätten sie sich im Gebiet eines dritten Stammes. Etwa drei Viertel seiner Freunde, schätzt er, leben in tribal gemischten Ehen. Offizielle Statistiken erhebt Botswana darüber bewusst nicht.

Bakang Nkwe arbeitete in neunzehn Jahren Schuldienst an sieben Orten, verteilt übers ganze Land. Er bekam vier Kinder von vier Frauen und ist, als ich ihn im Dezember 2018 treffe, wieder Single. Auch seine Softball-Karriere musste er aufgeben. Wer weiß, sagt er, vielleicht wäre er ein erfolgreicher Sportler geworden, vielleicht hätte er eine intakte Familie, wenn er in einem anderen Land geboren worden wäre. Gleichzeitig, sagt er, habe er es genossen, sein Land kennenzulernen. Seine Laufbahn sei ein Abenteuer gewesen und er freue sich sogar ein bisschen auf den nächsten Brief, auch wenn er gerade das Privileg habe, in Gaborone zu arbeiten.

Durch Thabo fühlte sich auch Carol am Löwenhügel bald zu Hause. Sie besuchte die Feste des Dorfchors, auf denen Ziegen geschlachtet wurden. Sie wurde Jurorin im lokalen Schönheitswettbewerb. Sie tanzte auf Hochzeiten und weinte auf Beerdigungen. Die Menschen, die sie einst gehasst hatte, fand sie plötzlich nett. «Am Anfang war ich so wütend auf meinen Arbeitgeber, dass ich diese Wut, diesen Hass, auf alles übertrug, was in meiner Nähe war, auch auf das Dorf und die Menschen», sagt Carol. «Thabo hat mir den Hass genommen und plötzlich erschien alles in einem anderen Licht.» Es war der typische Spiegelneuronen-Mechanismus. Als sich Carol änderte, änderten sich auch die Menschen um sie herum.

Am Rande des Löwenhügels gab es ein großes Feld, auf dem eine alte Frau Wassermelonen anbaute. Carol, die Wassermelonen liebt, ging so oft hin, dass die Frau sie irgendwann «meine Tochter» nannte, eine Ehrbezeichnung in Setswana. Eines Tages fragte die Frau, ob Carol dieses Land dort drüben nicht gefalle. Carol sagte ja und die Frau schenkte es ihr. Carol begann, ein Häuschen darauf zu bauen. Es war noch nicht fertig, da kam ein Brief aus dem Ministerium. Carols nächste Dienststelle war etwa zweihundert Kilometer nördlich, ganz in der Nähe ihrer kranken Mutter. Diesmal hatte sie die Versetzung dorthin beantragt. In das Haus hier könne sie später noch ziehen, sagt sie, spätestens wenn sie in Ruhestand gehe, den möchte sie nämlich am Löwenhügel verbringen. Hier wolle sie auch begraben werden. Stand jetzt.

*

In seinem Buch «Sapiens»[63] erzählt der israelische Historiker Yuval Noah Harari eine faszinierende Geschichte. Vor etwa 100 000 Jahren wagte sich eine Gruppe von Homo Sapiens aus ihrer afrikanischen Heimat in Richtung Naher Osten. Dort traf sie auf eine andere Menschenart, den Neandertaler – und wurde zurückgeschlagen. Die Sapiens hatten keine Chance.

30 000 Jahre später unternahm Homo Sapiens einen zweiten Versuch und diesmal setzte sich diese Art durch. Und wie. In kürzester Zeit eroberte sie das gesamte Territorium der Neandertaler, nicht nur den Nahen Osten, auch Europa. Gleichzeitig drang sie weiter nach Asien vor, wo ein weiterer Verwandter, Homo Erectus, siedelte. Homo Sapiens löschte beide, die Neandertaler und Homo Erectus, aus – und wurde von einer Menschenart unter vielen zur einzigen verbliebenen. Zu *dem Menschen*.

Was war geschehen zwischen dem ersten Aufeinandertreffen, das Homo Sapiens verloren hatte, und dem zweiten, das den Beginn seiner Weltherrschaft markierte?

Homo Sapiens hatte, so Hararis These, in der Zwischenzeit eine Fähigkeit erworben, die keine andere Menschen- oder Tierart beherrschte – nämlich über Dinge zu sprechen, die man nicht sehen, nicht anfassen, nicht riechen konnte.

Viele Tiere konnten ihren Artgenossen mitteilen: Vorsicht! Ein Löwe!, schreibt Harari. Aber Homo Sapiens lernte Dinge zu sagen wie: Der Löwe ist der Schutzgeist unseres Stammes.

Der Mensch erfand die Fiktion und Harari hält das für die wichtigste Neuerung in der Geschichte unserer Spezies. Um zu verstehen, warum, müssen wir einen kurzen Blick auf unsere nahen Verwandten, die Schimpansen, werfen. Schimpansen leben in Banden, in denen sich alle Tiere kennen und alle wissen, wie alle anderen zueinander stehen. Das intime Einander-Kennen hält die Gruppe zusammmen, limitiert aber gleichzeitig ihre Größe. In einer Bande von 50 Schimpansen gibt es bereits 1225 Zweierbeziehungen, dazu zahllose Gruppenkonstellationen. Das soziale Gefüge ist bereits so komplex, dass es nicht viel weiter wachsen kann, ohne dass die Bande auseinanderbricht und aus einer Gruppe zwei werden. Genauso war es bei Homo Erectus und den Neandertalern. Genauso war es auch beim archaischen Homo Sapiens, der gegen die Neandertaler verlor.

Dann aber begann Homo Sapiens sich Geschichten zu erzählen. Geister und Fabelwesen wurden geboren, Mythen und Legenden gesponnen. Es war auch der Moment, als der Mensch Gott erschuf – und sich so ungekannte Möglichkeiten der Gesellschaftsbildung eröffnete.

Auf einmal mussten sich Menschen nicht mehr persönlich kennen, um zusammenzuhalten. Sie fühlten sich einander zugehörig, weil sie an dieselben Geschichten glaubten. «Einen Affen kannst du nicht überzeugen, dir eine Banane zu geben, indem du ihm versprichst, dass er nach dem Tod im Affenhimmel unendlich viele Bananen bekommt», schreibt Harari. Bei Menschen ging das auf einmal. «Fiktion hat uns nicht nur befähigt, Dinge zu imaginieren. Sie hat uns befähigt, das *gemeinsam* zu tun.»

Plötzlich war der Mensch in der Lage, größere Gruppen zu bilden. In einem Faustkampf hätte ein Neandertaler beim zweiten Aufeinandertreffen immer noch jeden Sapiens besiegt – nur dass es diesmal keine Faustkämpfe waren. Die Sapiens agierten plötzlich in Verbünden von hunderten Mitgliedern. Die Neandertaler hatten keine Chance.

In den Jahrhunderten danach bildeten Menschen immer größere, immer komplexere Gruppen. Sie formten Stämme, die systematisch große Territorien bejagten. Sie bauten Städte, in denen Zehntausende lebten. Sie erschufen Reiche, die die halbe Welt umspannten – und immer waren diese Gebilde zusammengehalten von Fiktionen.

Ein allmächtiges Wesen kreierte die Erde in sieben Tagen und schickte später seinen Sohn hin, indem es eine Jungfrau auserkor, ihn in einem Stall zu gebären. Hunderte Millionen Menschen glauben an diese Geschichte. Sie leben auf unterschiedlichen Kontinenten, sprechen unterschiedliche Sprachen und bilden dennoch eine Gemeinschaft.

Gott wies seinen irdischen Mitarbeiter an, einen Menschen zu salben, wodurch dieser zum Kaiser wurde und berechtigt war, über alle anderen Menschen zu herrschen. Auch an diese Geschichte glaubten über Jahrhunderte viele Millionen und schrieben so Geschichte.

Ein wertloses Stück Papier verwandelt sich, wenn es mit der richtigen Tinte und den richtigen Symbolen bedruckt wird, Hokuspokus, in wertvolles Geld. An diese Geschichte glauben heute etwa sieben Milliarden Menschen.

Ein Schimpanse würde kein Tier als Herrscher akzeptieren, nur weil es etwas Öl auf die Stirn geschmiert bekam. Vor die Wahl gestellt zwischen einer Banane und einem 100-Euro-Schein, würde er sich immer für die Banane entscheiden.

Im Gegensatz zum Leben in einer Schimpansenbande ist der menschliche Alltag dominiert von Gruppen, die von Fiktionen zusammengehalten werden. Als Bürger befolgen wir Gesetze, die sich Menschen ausgedacht haben. Es gibt sie nicht wirklich, es gibt das Papier auf dem sie geschrieben sind. Das Buch, in dem sie gebunden sind. Das Gesetz selbst gibt es nur in unserer Einbildung. Genauso ist es mit dem

Fußballverein, dem wir zujubeln und der «entstanden» ist, weil irgendwer mal irgendwann eine Unterschrift auf einen Zettel gekritzelt hat. Als Autokäufer überweisen wir Geld, eine Fiktion, an Mercedes Benz, eine Fiktion, die entstanden ist auf Grundlage des Gesellschaftsrechts, das ebenfalls eine Fiktion ist, erschaffen von einem Parlament, dessen Autorität, genau, eine Fiktion ist.

All diese Erzählungen haben eines gemeinsam: Wenn genügend Menschen aufhören, an sie zu glauben, verlieren sie sofort ihre Bedeutung. Sie verschwinden einfach. So wie Gott für Atheisten oder der Kaiser in der Neuzeit. Das gilt auch für jene Erzählung, die in den vergangenen zweihundert Jahren so mächtig war wie wenige andere: die Nation.

Was ist Deutschland? Was ist Frankreich? Was sind die Vereinigten Staaten von Amerika? Mit Nationen ist es auch nicht anders als mit Gott, Geld und dem Gesetz: Es gibt sie nur in unserer kollektiven Einbildung. Wenn man versucht, mit dem Finger auf sie zu zeigen, stellt sich das Ding immer als etwas anderes heraus: eine bedruckte Seite in einem Atlas, ein Fluss, eine Gruppe marschierender Soldaten, ein Stück Stoff mit Sternen und Streifen drauf.

Mehr als zwei Jahrhunderte lang glaubten viele Menschen so sehr an die nationale Erzählung, dass sie bereit waren, ihr Leben dafür zu geben. Sie sangen Hymnen, salutierten vor Flaggen und waren sich sicher, dass sie selbst Teil eines auserwählten, einzigartigen, glorreichen, gar göttlichen Volkes waren, während die anderen, die Franzosen, die Deutschen, die Russen, die Amerikaner, natürlich des Teufels waren. Diese Erzählung ließ sich aufrechterhalten, solange es nur wenige Wohlhabende, Gelehrte, Entdecker und Freigeister waren, die Länder jenseits der Grenzen besuchten und dabei feststellten, dass die Menschen dort vielleicht eine andere Sprache sprachen oder anderes Essen aßen, aber bei genauerem Hinsehen gar nicht so anders waren als die Leute zu Hause.

Aber dann begann die Globalisierung nach dem Zweiten Weltkrieg massenhaft Menschen um den Erdball zu schießen, physisch in Flugzeugen und Hochgeschwindigkeitszügen, virtuell durch das Fernsehen und das Internet. Auf einmal blickten nicht mehr nur Wenige, sondern Millionen hinter die Fassade der nationalen Erzählungen – und begannen sie in Zweifel zu ziehen.

Ich kann acht Stunden über den Atlantik nach New York fliegen oder Freunde in Paris besuchen und fühle mich dort zu Hause. Wenn ich eine Stunde aus Hamburg raus aufs Land fahre, fühle ich mich wie in einer anderen Welt. Und das geht ja nicht nur mir so. Viele Menschen fühlen sich nicht mehr in erster Linie deutsch, französisch oder amerikanisch, sondern vielleicht europäisch oder kosmopolitisch oder als Teil einer globalen liberalen urbanen Kultur oder sonst einer Gruppe, die nichts mit den Grenzen des Landes zu tun hat, dessen Bürger sie sind.

Jeder einzelne dieser Menschen hat angefangen, einer neuen Erzählung zu glauben. Das mag sich für den Einzelnen noch so richtig anfühlen – für die Stabilität der westlichen Welt ist das, zusammengenommen, ein riesiges Problem, weil deren politische Systeme noch immer national, also an der alten Erzählung ausgerichtet sind. Gesetze gelten nicht für mich und meine New Yorker Freunde, sondern für mich und Menschen, die mir ähnlich fremd sind wie Trump-Unterstützer meinen Freunden in Amerika. Alle vier Jahre werden wir Fremden bei Wahlen zusammengerufen. Kein Wunder, dass wir uns nicht einigen können.

Die Gruppenidentitäten zu vieler Menschen passen nicht mehr zu den politischen Einheiten. Zu viele Menschen sind dem Nationalen entwachsen, müssen aber weiter darin Politik machen. Es ist, als würden sie, wie Einjährige, immer wieder versuchen, die viereckige Form durch ein dreieckiges Loch zu stecken, und ausflippen, wenn es nicht geht.

So nähern sich viele westliche Gesellschaften gerade einer Situation, die sich gar nicht so sehr unterscheidet von derjenigen, in der sich Botswana und andere afrikanische Staaten in den Sechzigerjahren wiederfanden: verfeindete Stämme, die miteinander eingesperrt sind. Auch damals passten die Identitäten nicht zur neuen politischen Struktur.

Es gibt, stark vereinfacht, zwei Wege, um dieses Problem zu lösen. Entweder man passt die politischen Einheiten den neuen Identitäten an. Oder die Identitäten den politischen Einheiten.

Der erste Weg würde bedeuten, sich nach zweihundert Jahren endgültig vom Nationendenken zu lösen, also auch von den Nationalstaaten, und einer der neuen Fiktionen zu folgen. Zum Beispiel der europäischen. So wie Preußen, Sachsen und Bayern einst zu Deutschen wurden, so könnten jetzt Deutsche, Franzosen und Briten zu Europäern zusammenwachsen. Am Ende könnte dann so etwas stehen wie ein europäischer Bundesstaat.

Der zweite Weg würde bedeuten, dass wir Deutsche weiterhin alle vier Jahre ein Parlament wählen, die Franzosen alle fünf einen Präsidenten und die Amerikaner alle zwei einen Teil ihres Kongresses, dass sich diese Gesellschaften aber gleichzeitig renationalisieren, dass sich die Menschen darin wieder als Deutsche, als Franzosen, als Amerikaner fühlen – hoffentlich ohne die Feindseligkeiten, die in der Vergangenheit zu Kriegen geführt haben.

In beiden Fällen muss das jeweils gegnerische Lager überzeugt werden. Entweder genug Nationalisten beginnen, an die neue Erzählung zu glauben, welche auch immer das sein wird. Oder genug Anti-Nationale freunden sich an mit einer neuen deutschen, französischen, amerikanischen Identität.

Botswana ist das wohl erfolgreichste Beispiel für den zweiten Weg. Die Regierung formte aus einer Stammesgesellschaft eine Nation, indem sie die alten, tribalen Gruppenidentitäten durch tausende Eins-zu-Eins-Begegnungen schwächte und dann eine neue, nationale Gruppenidentität aufbaute, indem sie ihren Bürgern eine neue Geschichte erzählte, eine Fiktion, die so überzeugend war, dass viele begannen, an sie zu glauben. Kontakt war ihr wichtigstes Werkzeug.

Auf den Westen angewendet, würde das bedeuten, dass ich weniger oft nach New York fliegen und häufiger nach Mölln fahren müsste. Dass Conor Yates, der Yoga-Lehrer aus Brooklyn, seine Flitterwochen vielleicht nicht in Italien verbringt, sondern in Idaho. In der Hoffnung, dass sich Flüchtlingsfreunde und Flüchtlingsskeptiker, Trump-Wähler und Trump-Gegner, Leave- und Remain-Anhänger nicht als Gruppen, sondern als Individuen annähern würden. Wenn nicht politisch, dann persönlich. So wie Laura Messing und ihre neuen republikanischen Freunde.

Natürlich könnte Kontakt auch beim ersten Lösungsweg ein Mittel zum Erfolg sein. Nur dass hier die Nationalen, die für die AfD, die FPÖ oder den Brexit gestimmt haben, in Kontakt mit Bürgern anderer Länder kommen müssten, mit Franzosen, Niederländern, Polen und Finnen, dann würden sie über die Jahre vielleicht auch in eine europäische Identität hineinwachsen. Warum kein europäischer Zivildienst? Oder Wehrdienst? Oder kostenloses Bauland hinter der nächsten Grenze?

Wer die meisten Menschen überzeugt, wer die beste Geschichte erzählt, gewinnt. Das ist ermutigend, weil es eine Illusion entlarvt, die manche in den vergangenen Jahren hatten, auch ich. Dass man nämlich zum Zuschauen verdammt ist, während der Strom der Geschichte unaufhaltsam an unserer Welt schleift, an den westlichen Demokratien mit ihren Freiheiten und Werten. Keine Gesellschaft, keine Regierung ist machtlos. Sie muss nur eine überzeugende Geschichte finden, die sie erzählen kann. Und einen Weg, um sie zu verbreiten.

NACHWORT

Was nun? Zunächst machen die Geschichten in diesem Buch eines deutlich: Wenn man Menschen dazu bringen will, ihre Meinungen zu ändern, wenn man zum Beispiel will, dass sie ihren Rassismus, ihre Homophobie, ihren Islamismus, ihren Anarchismus ablegen, dann hilft es nicht, ihnen zu *sagen*, dass sie falschliegen, egal, wie oft oder wie laut, man muss es ihnen *zeigen*.

Christa und Harald Hermes konnten noch so oft in der Zeitung lesen, dass Roma normale Menschen sind, sie haben es erst geglaubt, als sie es mit eigenen Augen gesehen haben.

Finbarr O'Briens Therapeutin konnte ihm sagen, dass schwule Männer nicht böse sind, er musste erst Chris Lyons kennenlernen, bis er ihren Worten vollständig glaubte.

Jamal hatte im Fernsehen häufig Menschen gesehen, die sagten, dass Islamisten fehlgeleitet seien, erst das Lächeln eines Polizisten und die Selbstverständlichkeit, mit der Erhan Kilic seine dänische Identität lebt, haben ihn überzeugt.

Die Eltern des Wismarer Punkers Thomas Wahnig konnten noch so oft gegen ihren Sohn anreden, er solle mit den Prügeleien aufhören, er tat es erst, nachdem der Neonazi Sven Krüger seinen Rucksack durch die Wüste getragen hatte.

All diese Menschen mussten selbst sehen, mussten fühlen, wie sich ihr Bild von der Realität vor ihren Augen wandelte. Der Prozess der Meinungsänderung war, wenn man so will, weniger eine aktive Entscheidung dieser Menschen als etwas, das ihnen passierte, ein von der Umwelt ausgelöster Mechanismus. Es gibt also einen politischen Hebel.

Eine Regierung, die den Hass bekämpfen und die Spaltung der Gesellschaft überwinden will, muss es sich zur Aufgabe machen, solche Begegnungen zwischen Feinden, Gegnern, Andersdenkenden herzustellen. Situationen, in denen Menschen gar nicht anders können, als den Anderen als Menschen zu sehen. Wie das gehen kann?

Die Geschichten in diesem Buch sind keine politischen Gebrauchsanweisungen. Der deutsche Staat wird seine Beamten sicher nicht zwingen, alle fünf Jahre umzuziehen. Das war die botswanische Lösung für ein botswanisches Problem. Andererseits fällt mir kein Grund ein, warum Deutschland nicht zum Beispiel das Format der Bürgerversammlung ausprobieren sollte. Ich weiß, dass nicht nur ich neugierig auf das Ergebnis wäre.

Nachdem ich das erste Mal über die irische Bürgerversammlung berichtete, im Januar 2017 in der ZEIT, erhielt ich viele Zuschriften von Lesern. Der Frankfurter Student der Politikwissenschaften Dominik Herold zum Beispiel schrieb mir, dass er noch am Tag, als er den Artikel gelesen hatte, einige Freunde aus seinem Masterstudiengang zusammengerufen habe, mit denen er eine Bürgerversammlung in Frankfurt organisieren wollte. Daraus ist die Initiative «Mehr als wählen» geworden, die zum Ziel hat, Bürgerräte auf lokaler Ebene zu institutionalisieren. Im Frühjahr 2019 trafen sich erstmals 44 zufällig ausgewählte Frankfurter, um über die Zukunft der Demokratie zu diskutieren und ihrem Oberbürgermeister Vorschläge zu übermitteln. Die Berliner Ilan Siebert und Katharina Liesenberg arbeiten mit ihrem Projekt «Es geht los» daran, bis zum Jahr 2020 einen ausgelosten Bürgerrat mit 100 Mitgliedern zu organisieren. Ein Leser schrieb mir, er habe auf Grundlage des Artikels eine Beschwerde beim Bundesverfassungsgericht erhoben, um zu erwirken, dass in Deutschland eine «Los-Partei» bei Wahlen zugelassen werden kann. Schließlich hat der Verein «Mehr Demokratie» im Sommer 2019, inspiriert vom Erfolg der irischen Bürgerversammlung, ein Projekt mit dem Namen «Bürgerrat Demokratie» gestartet. In Erfurt, Schwerin, Koblenz, Gütersloh, Koblenz und München treffen sich Bürger mit Politikern und diskutieren über die Zukunft der Demokratie. Nächstes Jahr soll ein weiterer Bürgerrat das Thema Klimawandel besprechen. In Freiburg plant der Verein «AllWeDo» eine Bürgerversammlung zu einem großen Bauprojekt.

Der Anstoß, das zeigen all diese Beispiele, muss nicht vom Staat und seinen Organen ausgehen. Hier kamen die Ideen aus der Bevölkerung, von Menschen, die einfach mal angefangen haben. In den USA waren es private Universitäten, die entschieden, das Los über die Belegung ihrer Studentenzimmer entscheiden zu lassen. Im Fall der Zürcher Kalkbreite waren es Bürger, die sich zu einer Genossenschaft zusammengeschlossen haben.

Darin steckt eine ermutigende Botschaft. Man kann etwas tun. Und sei es, einfach mal seine Angst zu überwinden und jemanden von der «anderen Seite» zum Pizza-Essen einzuladen, so wie es die New Yorkerin Laura Messing getan hat.

Natürlich liegt die Verantwortung für den gesellschaftlichen Zusammenhalt noch immer zum größten Teil bei der Politik. Warum sollten sich, zum Beispiel, deutsche Sicherheitsbehörden kein Vorbild am dänischen Polizisten Thorleif Link nehmen, wenn es darum geht, wie sie mit den radikalsten Gegnern dieser Gesellschaft umgehen, seien es Islamisten, die sich irgendeiner Terrororganisation anschließen wollen, oder Neonazis, die durch deutsche Städte marschieren? In manchen Fällen verbirgt sich hinter der martialischen Pose mit der Kalaschnikow oder dem zum Hitlergruß erhobenen Arm vielleicht ein erreichbarer Mensch, ein Suchender, ein Verirrter.

Schwieriger dürfte jede Form des staatlich institutionalisierten Kontakts sein, die nicht nur in die persönliche Frei-

heit von radikalen Gegnern der Gesellschaft eingreift, sondern in die von allen Bürgern. In den liberalen Gesellschaften
des Westens ist die Freiheit, zum Glück und zu Recht, ein
hohes Gut, vielleicht das höchste, auch in Deutschland. Wir
haben uns daran gewöhnt, dass der Staat uns weitgehend in
Ruhe lässt. Eine Wehrpflicht gibt es nicht mehr, auch keinen
Zivildienst.

Aber natürlich ist es das Wesen des Staates, immer dann
Zwang gegenüber seinen Bürgern auszuüben, wenn es in
seinen Augen das Gemeinwohl erfordert. Deutschland verpflichtet seine Bürger zum Beispiel, krankenversichert zu
sein, Kinder zur Schule zu schicken und an roten Ampeln zu
warten. Das finden sie in der Regel okay, weil ihnen der
Nutzen sofort einleuchtet. Wäre das nicht auch mit einem
neuen Zivildienst möglich?

Es könnte ja einer sein, der – je nach politischer Idee und
geografischem Zuschnitt – junge Deutsche für eine Weile
in europäische Nachbarländer schickt, Städter aufs Land,
Wessis in den Osten oder Charlottenburgerinnen nach Neu-
kölln – und jeweils andersrum. Vielleicht fände man sogar einen Weg, dieses Begegnungsprogramm als das zu verkaufen,
was es wirklich sein könnte: ein Abenteuer.

Wie sähe eine deutsche Gesellschaft aus, in der Kontakt zwischen Andersdenkenden nicht die Ausnahme, sondern die
Regel wäre? Bevor ich im vergangenen Sommer den Neonazi Sven Krüger interviewte, hatte ich mit dem amerikanischen Sozialpsychologen Peter Coleman gesprochen, der an
der Columbia University in New York das sogenannte Dif-
ficult Conversations Lab leitet. Dort untersucht er, unter
welchen Bedingungen Gespräche zwischen politischen Feinden konstruktiv verlaufen. Wann die Kontrahenten fähig
sind zum Kompromiss und wann Gespräche eskalieren.
Coleman sagte, einer der Schlüssel zum Kompromiss oder
wenigstens zu einem menschlichen Miteinander sei, nicht
nach Unterschieden zu suchen, sondern nach Gemeinsam-

keiten. Das klingt trivial, ist aber bei genauem Hinsehen revolutionär, weil wir es – gerade in der öffentlichen Debatte – sehr selten tun. Wir suchen nach Unterschieden, nach Konflikten, nach dem Drama, vor allem wir Journalisten. Coleman riet mir: Probiere es mal aus, rede mit deinem schlimmsten Feind und suche so lange nach Gemeinsamkeiten, bis du etwas findest.

Dann saß ich Sven Krüger gegenüber. Es war schwer, seine Nazi-Sprache zu ertragen, aber dann erzählte er mir von dieser Sache, die in einem Nachbardorf passiert war. Dort war ein syrisches Mädchen von einem Auto totgefahren worden. An der Unfallstelle hatte jemand in weißer Farbe ein Hakenkreuz auf den Asphalt gemalt und dazu «1:0» geschrieben. Krüger sagte, ihm tue die Familie des Mädchens leid und er verurteile den Sprayer. Er war richtig emotional und mir schien die Reaktion echt zu sein. Ich sagte ihm, dass mich das überrasche.

Dann sagte er, dass er sich wundere, wie in Deutschland über Flüchtlingspolitik debattiert werde. Natürlich müsse man Kriegsflüchtlinge aus Syrien und Afghanistan aufnehmen und ihnen Schutz bieten, solange ihnen in ihren Heimatländern Gewalt droht. Mental notierte ich die erste Gemeinsamkeit.

Im Laufe des Gesprächs kamen noch einige hinzu. Politische – wir beide halten den Klimawandel für die größte Herausforderung unserer Zeit. Und persönliche – wir würden beide gern mehr Zeit in Südfrankreich verbringen. Natürlich sind das Winzigkeiten verglichen mit dem, was uns trennt. Aber Sven Krüger bewegt sich am äußersten Rand unserer Gesellschaft. Wenn ich selbst mit ihm Gemeinsames finde, würde mir das nicht auch mit den meisten Menschen gelingen, die zwischen ihm und mir beheimatet sind, und wären diese Dinge nicht wahrscheinlich größer, bedeutender?

Ich war überrascht von Sven Krüger. Genau wie er damals in Namibia überrascht worden war von Thomas Wahnig und von Haruendo. Genau wie die Hermes überrascht worden waren von ihren Roma-Nachbarn und Gerold Huber von den Flüchtlingen nebenan. Das haben fast alle Menschen, die in diesem Buch zu Wort kamen, gemeinsam. Sie wurden überrascht. Hätte man sie vorher gefragt, wer ihre Nachbarn werden sollten, mit wem sie am liebsten nach Namibia fahren würden, wen sie am Tisch der irischen Bürgerversammlung treffen und ob sie nicht lieber an der Schule in Gaborone bleiben wollten, hätten sie sich nicht für die Option entschieden, die die Wirklichkeit für sie bereithielt und die sie dann positiv überrascht und verändert hat.

Wenn man sich das mal ausmalt: Würde, wie ich mit Sven Krüger gesprochen habe, jede Deutsche mit jeder anderen Deutschen, jeder Europäer mit jedem anderen Europäer sprechen und ebenfalls nach Verbindendem suchen, wäre dann nicht die Schnittmenge der Gemeinsamkeiten, die sich in diesen Milliarden Gesprächen auftun würden, das, was wir so oft vergeblich zu fassen versuchen – die nationale beziehungsweise die europäische Identität? Der Kitt, der uns zusammenhält?

Natürlich fragt man sich sofort: Wie nah wäre das dran an dem, was ich für richtig halte? Oder wäre es näher dran an dem, was ich für grundfalsch halte? Aber aus diesen Fragen spricht ja schon wieder Angst, mindestens Unsicherheit.

Wenige Tage nachdem mein Artikel über Sven Krüger in der ZEIT erschien, versammelten sich in ganz Deutschland politisch Andersdenkende zu Gesprächen. Meine Kollegen bei ZEIT Online hatten eine brillante Idee gehabt. Unter dem Titel «Deutschland Spricht» hatten sie Lesern sieben politische Ja-Nein-Fragen gestellt: Soll Deutschland seine Grenzen strikter kontrollieren? Soll Fleisch stärker besteuert werden, um den Konsum zu reduzieren? Sollen deutsche Innenstädte autofrei werden? Können Muslime und Nicht-Muslime in Deutschland gut zusammenleben? Und so weiter.

Dann stellten sie Leser, die unterschiedlich geantwortet hatten, also zum Beispiel, die eine sieben Mal ja, der andere sieben Mal nein, einander vor und sagten: Trefft euch doch und redet mal drüber. Das machten mehr als 8000 Menschen. Während ich diese Zeilen schreibe, liegt die sozialwissenschaftliche Analyse dieser Gespräche noch nicht vor. Etwas anderes aber schon. Im Jahr zuvor hatte es schon einmal «Deutschland Spricht» gegeben. Hunderte Teilnehmer hatten danach E-Mails an die Redaktion geschickt. Ich ließ mir alle Nachrichten weiterleiten. Dies sind Auszüge aus den ersten fünfzehn, die in meinem Posteingang landeten:

«Wir sind von einem Thema zum nächsten Thema gesprungen und hätten den Abend durchdiskutieren können.»

«Über Gemeinsamkeiten zu mehr Verständnis. Ich habe interessante Sichtweisen eines ungewöhnlichen Menschen kennengelernt. Ein sehr persönlicher Nachmittag. Fortsetzung folgt.»

«Die Zeit ermöglichte uns, Freundschaft zu schließen mit der Menschenenergie, die uns verbindet.»

«Der Dialogpartner teilte mir mit, aktuell keine Zeit zu haben.»

«Wir haben uns für ca. 2 Stunden in einem Eiscafé in Paderborn getroffen. Die Unterhaltung verlief angeregt. Wir lagen an manchen Stellen gar nicht so weit auseinander wie vermutet.»

«Nach einem E-Mail-Ausfall war die beabsichtigte Absprache nicht möglich.»

«Birgit und ich waren beide der Meinung, dass Europa und die BRD weiter Sanktionen gegen Russland ergreifen sollten, um das politische System dort umzustimmen. Wir sind beide pro Europa.»

«Junge Union trifft alte, rote Socke. Ein dreistündiges Gespräch voll geballter Unwissenheit und Ignoranz mit einem zukünftigen Juristen hat schon etwas Erschreckendes.»

«Boule spielend unsere kontroversen Positionen ausgelotet, eifrig diskutiert und gemerkt, dass uns mehr verbindet als entzweit. Schöne Initiative, perfect match.»

«Unser Meinungsaustausch nicht nur bezüglich des Islam hat mich zum Nachdenken angeregt, auch über Schwächen meiner Argumentation.»

«Mein Gesprächspartner und ich hatten ein überraschend harmonisches zweistündiges Gespräch. Obwohl wir grundsätzlich unterschiedliche Weltanschauungen hatten (er eher konservativ, ich eher sozialdemokratisch), haben wir zunächst festgestellt, dass wir bezüglich der ZEIT-Fragen zu Russland und den Flüchtlingen gar nicht so unterschiedliche Ansichten hatten. Je differenzierter man die Fragen betrachtete, desto mehr Gemeinsamkeiten wurden deutlich.»

«Uns ist aufgefallen, dass die Auswahl der Gesprächspartner (Zeit-Leser, Berlin, beteiligt sich aktiv an einer solchen Aktion) vielleicht dazu führt, dass schnell ein gewisser Konsens in vielen Themen herrscht.»

«Das Gespräch verlief sehr harmonisch, und unsere Punkte lagen teilweise sehr nah beieinander.»

«Einen vermeintlichen Dissens konnten wir nicht bieten.»

«Nach einleitenden persönlichen Details wollten wir dann unsere abweichenden Positionen verorten. Aber siehe da: Diese waren dann keinesfalls sehr divergierend.»

So ging es immer weiter. Die meisten Leute waren überrascht, wie einig sie sich schnell waren. Und viele wollten
mehr davon. Man muss sich in Erinnerung rufen: Viele hatten fünf von fünf Fragen (damals waren es noch keine sieben) unterschiedlich beantwortet. Sie erwarteten Streit und
Drama – und fanden Übereinstimmung und Sympathie. Die
Nachricht eines Lesers finde ich besonders aufschlussreich.
Er hatte sich mit seiner Kontrahentin in Bamberg getroffen
und beschrieb das Treffen so:

«Ich war vor ihr da, mit ein wenig Bauchgrimmen – wie ich
es immer habe, wenn ich fremde Leute treffe. Wir hatten
schon ein paar E-Mails ausgetauscht und uns war schnell
klar, dass wir mehr, viel mehr gemein hatten, als uns trennte.
Für mich eine Enttäuschung, hatte mir die ZEIT doch ver-
sprochen, dass ich endlich mal einen vollkommen Andersdenkenden treffen würde. So ein Pegida-Monstrum oder
Schlimmeres. Stattdessen kam da nun diese herzensgute,
warme, kluge und humorvolle Frau mit hochrotem Kopf das
Fahrrad schiebend den Berg hinauf und sah sich nach mir
um, winkte, stellte ihr Fahrrad neben das meine und sprach
mich mit bestem westfälischen Akzent an. Wir hatten uns
viel zu erzählen und sehen die Welt mit ähnlichen Augen.
Unser Streitthema, die Russlandfrage, war schnell und rela-
tiv einmütig abgehandelt. Wir beide haben beschlossen, uns
regelmäßig zu treffen. Mal sehen, ob wir uns dann nicht
doch noch richtig streiten.»

Er erwartete ein Monstrum und traf eine Frau mit hochrotem Kopf, die, wie er, Rad fuhr und, wie er, ursprünglich aus
dem Westfälischen stammte. Dinge, die er wahrscheinlich
nicht bemerkt hätte, hätten sich die beiden nicht getroffen.
Aus der Ferne hätte er sich wahrscheinlich auf politische
Unterschiede fokussiert, die ja auf dem Papier auch bestan-
den. Aber als er sie sah, übernahm die Empathie.
    Mich erinnerten die E-Mails der Leserinnen und Leser, ge-

nau wie mein Interview mit Sven Krüger und die Geschichten, die ich für dieses Buch gesammelt habe, an einen Satz, den die amerikanische Politikwissenschaftlerin Lilliana Mason mal über die USA geschrieben hat, der aber, davon bin ich mittlerweile überzeugt, genauso für andere Gesellschaften, auch für die deutsche, zutrifft: *We act like we disagree more than we actually do.* Wir verhalten uns, als seien wir unterschiedlicher, als wir wirklich sind.

Vielleicht sollten wir das ändern. Vielleicht sollten wir das Reich des Binären, des Ja oder Nein, des Gut oder Böse, des Wir oder Sie verlassen und das Dazwischen zulassen. Vielleicht sollten wir versuchen, den Anderen nur noch so viel Unterschiedlichkeit nachzusagen, wie sie tatsächlich verdienen. Aber um zu wissen, wie viel das ist, müssten wir sie kennenlernen.

Der Briefträger Finbarr O'Brien weint, der Neonazi Sven Krüger schwärmt von Afrika und Carol Ramolotsana lacht so schrill, dass man mitlachen muss. Die Stimmen und Schlüsselmomente dieses Buches sind – genau wie weitere Geschichten – zu hören im Podcast «Hundertachtzig Grad – Geschichten gegen den Hass». Mehr dazu: www.hundert-achtzig.de

ANMERKUNGEN

1 So beschrieb es der amerikanische Autor David Colley im Jahr 2006 in seinem Artikel «African American Platoons in World War II», https://www.historynet.com/african-american-platoons-in-world-war-ii.htm.

2 Zit. nach Christopher Paul Moore: «Fighting for America»: Black Soldiers – the unsung Heroes of World War II, New York 2007, S. 232 («A colored soldier cannot think fast enough to fight in armor»).

3 Zit. nach Matt J. Schudel: «J. Cameron Wade, World War II veteran and activist for forgotten black soldiers, dies at 87», in: Washington Post, 25. Februar 2012, https://www.washingtonpost.com/local/obituaries/j-cameron-wade-world-war-ii-veteran-and-activist-for-forgotten-black-soldiers-dies-at-87/2012/02/23/gIQAJSVWaR_story.html?noredirect=on&utm_term=.ce3e6532fc8a.

4 Laut einer Umfrage der US-Armee, im Original abrufbar unter: https://catalog.archives.gov/id/40019868.

5 Alle Aussagen zit. nach Samuel A. Stauffer et al.: «The American Soldier», Volume I, Princeton 1949, S. 592 f.

6 Die Originalfragestellung ist zu finden unter: https://catalog.archives.gov/id/40019868.

7 Samuel A. Stauffer et al.: «The American Soldier», Volume II, Princeton 1949, S. 570.

8 Louis Raths und William Van Til: «The Influence of Social Travel on Relations among High-School Students», in: Educational Research Bulletin 23 (März 1944), S. 63–68.

9 Gordon W. Allport: «The Nature of Prejudice», Reading 1954, S. Xiii.

10 Thomas F. Pettigrew, Linda R. Tropp: «A Meta-Analytic Test of Intergroup Contact Theory», in: Journal of Personality and Social Psychology 90 (2006), S. 751–183.

11 Matt Motyl et al.: «How ideological migration geographically segregates groups», in: Journal of Experimental Social Psychology 51 (2004), S. 1–14.

12 Arlie Russell Hochschild: «Strangers in their own Land», New York 2016, S. 6.

13 Arlie Russell Hochschild: «Strangers in their own Land», New York 2016, S. Xii.

14 https://www.ipsos.com/sites/default/files/migrations/en-uk/files/ Assets/Docs/Polls/ipsos-mori-perils-of-perception-charts-2016. pdf.

15 https://www.gapminder.org.

16 Hans Rosling: «Factfulness»: Ten reasons we're wrong about the world – and why things are better than you think, London 2018.

17 Paul J. Whalen et al: «Human Amygdala Responsivity to Masked Fearful Eye Whites», in: Science 306 (2004). Vgl. auch Daniel Kahneman: «Thinking Fast and Slow», London 2011.

18 Daniel Kahneman: «Thinking Fast and Slow», London 2011, S. 301.

19 Ebd.

20 Vgl.: https://www.business2community.com/blogging/new-outbrain-study-says-negative-headlines-better-positive-0810707.

21 http://de.mediatenor.com/de/bibliothek/newsletter/1100/das-medienbild-zum-islam-treibt-die-angst-bedford-strohm-und-papstfranziskus-setzen-positive-akzente-fuer-ihre-kirchen.

22 Ebd.

23 Daniel Kahneman und Amos Tversky: «Availability»: A heuristic for judging frequency and probability, in: Cognitive Psychology 5 (1973), S. 207–232.

24 Daniel Kahneman: «Thinking Fast and Slow», London 2011, S. 138.

25 https://watson.brown.edu/costsofwar/.

26 Eric Schmitt: «Two Decades After 9/11, Militants Have Only Multiplied», in: New York Times (20.11.2018), online verfügbar unter https://www.nytimes.com/2018/11/20/us/politics/terrorism-islamic-militants.html.

27 Das haben Schätzungen einer Studie des Center for Strategic and International Studies ergeben, vgl.: https://www.csis.org/analysis/evolution-salafi-jihadist-threat.

28 Vgl. The Soufan Center: «Intelbrief: The Staggering Costs of the Never-Ending ‹Global War on Terror›», online abrufbar unter: https://thesoufancenter.org/intelbrief-the-staggering-cost-of-the-never-ending-global-war-on-terror/.

29 Nicholas Epley: «Mindwise»: Why we misunderstand what others think, believe, feel, and want, New York 2014, S. 43 ff.

30 Giacomo Rizzolatti und Laila Craighero: «The Mirror-Neuron-System», in: Annual Review of Neuroscience 27 (2004), S. 169–192, online verfügbar unter: http://psych.colorado.edu/~kimlab/rizzolatti.annurev.neuro.2004.pdf.

31 David Grossman: «On Killing»: The psychological cost of learning to kill in war and society, New York 1996.

32 Nicholas Epley: «Mindwise»: Why we misunderstand what others think, believe, feel, and want, New York 2014, S. 46.

33 Zit. nach ebd., S. 45.

34 Umfrage der Forschungsgruppe Wahlen, online abrufbar unter: https://www.forschungsgruppe.de/Umfragen/Politbarometer/Archiv/Politbarometer_2015/Juli_II_2015/.

35 Aristoteles: «Politik IV», Hamburg 1981, S. 142, zit. nach Christian Bender, Hans Graßl: «Losverfahren»: Ein Beitrag zur Stärkung der Demokratie, in: Aus Politik und Zeitgeschichte 38–39 (2014), online abrufbar unter: http://www.bpb.de/apuz/191195/losverfahren-ein-beitrag-zur-staerkung-der-demokratie?p=all#footnode14-14.

36 Charles de Montesquieu: «Vom Geist der Gesetze», zit. nach David Van Reybrouck: «Gegen Wahlen»: Warum Abstimmen nicht demokratisch ist, Göttingen 2016, S. 83.

37 Jean-Jacques Rousseau: «Vom Gesellschaftsvertrag oder Prinzipien des Staatsrechts», zit. nach: David Van Reybrouck: «Gegen Wahlen»: Warum Abstimmen nicht demokratisch ist, Göttingen 2016, S. 85.

38 John Adams: «The Works of John Adams», Band 6, Boston 1851, S. 484, zit. nach: David Van Reybrouck: «Gegen Wahlen»: Warum Abstimmen nicht demokratisch ist, Göttingen 2016, S. 91.

39 Thomas Jefferson: «Letter to John Adams», 28. Oktober 1813, online abrufbar unter: https://www.loc.gov/resource/mtj1.046_1276_1282/?st=gallery.

40 James Madison: «Federalist Paper No. 10», 1787, zit. nach: David Van Reybrouck: «Gegen Wahlen»: Warum Abstimmen nicht demokratisch ist, Göttingen 2016, S. 93 f.

41 Emmanuel Joseph Sieyès: «Rede vom 7. September 1789», zit. nach: David Van Reybrouck: «Gegen Wahlen»: Warum Abstimmen nicht demokratisch ist, Göttingen 2016, S. 95.

42 David Van Reybrouck: «Gegen Wahlen»: Warum Abstimmen nicht demokratisch ist, Göttingen 2016.

43 Gordon W. Allport: «The Nature of Prejudice», Reading 1954, S. 273.

44 Sarah Gaither und Samuel Sommers: «Living with an other-race roommate shapes Whites' behavior in subsequent diverse settings», in: Journal of Experimental Social Psychology 49 (2013), S. 272–276.

45 Gautam Rao: «Familiarity Does Not Breed Contempt»: Generosity, Discrimination, and Diversity in Delhi Schools, in: American Economic Review 109 (2019), S. 774–809.

46 Jan Goebel und Lukas Hoppe: «Ausmaß und Trends sozialräumlicher Segregation in Deutschland», Berlin 2015, online abrufbar unter: https://www.armuts-und-reichtumsbericht.de/SharedDocs/Downloads/Service/Studien/abschlussbericht-sozialraeumliche-segregation.pdf?__blob=publicationFile&v=3.

47 Genossenschaft Kalkbreite: «Jahresbericht 2016», S. 3.

48 Ebd., S. 5.

49 Es wurde durchgeführt vom Psychologen Muzaffer Sherif und ging unter dem Namen «Robbers Cave Experiment» in die Geschichte ein. Vgl. dazu zum Beispiel: Muzaffer Sherif et al.: «Status in experimentally produced groups», in: American Journal of Sociology 60 (1955), S. 370–379.

50 Henri Tajfel: «Experiments in Intergroup Discrimination», in: Scientific American 223 (1970), S. 96–102.

51 David J. Kelly: «Three-month-olds, but not newborns, prefer own-race faces», in: Developmental Science 8 (2005), S. F31–6.

52 Albert H. Hastorf und Hadley Cantril: «They saw a game»: A case study, in: The Journal of Abnormal and Social Psychology 49 (1954), S. 129–134.

53 Solomon E. Asch: Effects of group pressure upon the modification and distortion of judgments, in: Harold Guetzkow: «Groups, leadership and men»: Research in human relations, Oxford 1951, S. 177–190.

54 Lilliana Mason: «Uncivil Agreement»: How Politics became our Identity, Chicago 2018, S. 12.

55 Pascal Molenberghs und Louis R. Winnifred: «Insights From fMRI Studies Into Ingroup Bias», in: Frontiers in Psychology 9 (2018), S. 18–68.

56 Sinthujaa Sampasivam: «The Effects of Outgroup Threat and Opportunity to Derogate on Salivary Cortisol Levels», in: International Journal of Environmental Research and Public Health 13 (2016).

57 Ian Robertson: «The science behind Isil's savagery», in: Daily Telegraph (17. November 2014), online abrufbar unter: https://www.telegraph.co.uk/comment/11041338/The-science-behind-Isils-savagery.html.

58 Ebd.

59 Juliet Eilperin und Greg Jaffe: «Obama warns against ‹a crude sort of nationalism› taking root in the U.S.», in: Washington Post (15. November 2016), online abrufbar unter: https://www.washingtonpost.com/news/post-politics/wp/2016/11/15/in-athens-obama-warns-against-a-crude-sort-of-nationalism-or-tribalism-taking-root-in-the-u-s/?noredirect=on&utm_term=.5bf39834ea77.

60 Arlie Russell Hochschild: «Strangers in their own land», New York 2016.

61 Der Kontakt zwischen beiden politischen Stämmen ist so selten geworden, dass einige Sozialwissenschaftler die Kluft zwischen ihnen als «ethnischen Unterschied» bezeichnen. Vgl.: Amy Chua: «Politi-

cal Tribes»: Group instinct and the fate of nations, London 2018, S. 163.

62 Auf dem Corruption Perception Index, den Transparency International 2017 herausgegeben hat, rangiert Botswana auf Rang 34. Vgl.: https://www.transparency.org/news/feature/corruption_perceptions_index_2017.

63 Yuval Noah Harari: «Sapiens»: A brief history of humankind, London 2015.